O.W. BARTH

Über den Autor:

Rick Rubin gilt als einer der einflussreichsten und angesehensten Musikproduzenten der Gegenwart. 2006 und 2008 wurde er in der Kategorie »Produzent des Jahres« mit einem Grammy ausgezeichnet. Er ist der Gründer der legendären *Def Jam Recordings* und betreibt heute u. a. die *American Recordings*. Er arbeitete mit Größen wie Adele, Aerosmith, Red Hot Chili Peppers, Jay Z und Johnny Cash, Green Day, Dixie Chicks, U2, Metallica und Mick Jagger zusammen. Rubin plädierte 2010, als Spotify noch in den Kinderschuhen steckte, für eine neuartige Form der Musikvermarktung. *Kreativ. Die Kunst zu sein (The Creative Act)* ist sein erstes Buch und eine brillante Einführung in die Spiritualität der Kreativität.

kreativ.
Die Kunst zu sein

Rick Rubin

mit Neil Strauss

Aus dem Englischen
von Judith Elze

O.W. BARTH

Die englische Originalausgabe erschien 2023 unter dem Titel
»The Creative Act. A Way of Being« bei Canongate Books, UK.

Besuchen Sie uns im Internet:
www.ow-barth.de

MIX
Papier | Fördert gute Waldnutzung
FSC® C083411
FSC www.fsc.org

Deutsche Erstausgabe Mai 2023

Ein Imprint der Verlagsgruppe
Droemer Knaur GmbH & Co. KG
Maria-Luiko-Straße 54, 80636 München

Published by arrangement with Canongate Books Ltd,
14 High Street, Edinburgh EH1 1TE
Redaktion: Alexandra Baisch
Covergestaltung: Original Pentagram, momentan intern
Satz und Layout: Adobe InDesign im Verlag
Druck und Bindung: CPI books GmbH, Leck
ISBN 978-3-426-29339-3

Kontaktadresse nach EU-Produktsicherheitsverordnung:
produktsicherheit@droemer-knaur.de

10 11

Es geht nicht darum, Kunst zu machen,
sondern darum, in diesem
großartigen Zustand zu sein,
der Kunst unvermeidlich entstehen lässt.

Robert Henri

78 Denkanstöße

Nichts in diesem Buch
wird gemeinhin als wahr erachtet.
Es ist eine Reflexion über das,
was ich beobachtet habe –
eher Gedanken als Fakten.

Manche Ideen mögen bei dir anklingen,
andere nicht.
Einige mögen ein inneres Wissen anstoßen,
das du ganz vergessen hattest.
Nutze, was hilfreich für dich ist.
Den Rest lass weg.

Jeder dieser Momente
ist eine Einladung
zu weiterem Nachforschen:
dazu, tiefer zu schauen,
heran- oder herauszuzoomen.
Dir Möglichkeiten zu eröffnen
für eine neue Art zu sein.

Jeder Mensch ist ein Schöpfer

All jene, die sich nicht mit traditionellen Kunstformen befassen, tun sich womöglich schwer, sich als *Künstler* oder *Künstlerin* zu bezeichnen. Sie sehen die Kreativität als etwas Außergewöhnliches an, das jenseits ihrer Fähigkeiten liegt. Als Berufung weniger Auserwählter, die mit bestimmten Begabungen zur Welt gekommen sind.

Zum Glück ist das nicht der Fall.

Kreativität ist keine seltene Fähigkeit. Und gar nicht schwer zugänglich. Kreativität ist ein grundlegender Aspekt des Menschseins. Sie ist unser Geburtsrecht und wir alle tragen sie in uns.

Bei Kreativität geht es nicht ausschließlich um das Hervorbringen von Kunst. Wir alle sind tagtäglich kreativ.

Etwas zu erschaffen bedeutet, etwas ins Sein zu bringen, das vorher noch nicht da war. Das könnte ein Gespräch sein, die Lösung zu einem Problem, eine Nachricht an eine Freundin, das Umstellen von Möbeln in einem Raum, die Wahl eines anderen Heimwegs, um so einen Stau zu vermeiden.

Was du erschaffst, muss nicht bezeugt, festgehalten, verkauft oder hinter Glas geschützt werden, um ein Kunstwerk zu sein. Schon allein durch unser ganz gewöhnliches Dasein sind wir Schöpfer im tiefsten Sinne, denn wir erschaffen unsere Erfahrung der Wirklichkeit und gestalten die Welt, die wir wahrnehmen.

In jedem Augenblick tauchen wir in ein Feld undifferenzierter Materie ein, aus der unsere Sinne Informationsfetzen sammeln. Das Universum, das wir im Außen wahrnehmen, existiert als solches nicht. Dank einer Reihe elektrischer und chemischer Reaktionen stellen wir in uns eine Wirklichkeit her. Wir erschaffen Wälder und Ozeane, Wärme und Kälte. Wir lesen Wörter, hören Stimmen, interpretieren und reagieren prompt darauf. Und das alles in einer Welt, die wir selbst erschaffen haben.

Wir führen allesamt das Leben von Künstlern, ganz egal, ob wir formal Kunst schaffen oder nicht. Wir nehmen Informationen auf und filtern und sammeln sie, um dann auf dieser Grundlage eine Erfahrung für uns selbst und andere zu gestalten. Es spielt keine Rolle, ob wir dies bewusst oder unbewusst tun – durch die bloße Tatsache, dass wir leben, sind wir aktive Teilhaber im ständigen Schöpfungsprozess.

Das Leben als Künstlerin oder Künstler ist eine Art, in dieser Welt zu sein. Eine Art, wahrzunehmen. Eine stetige Übung, aufmerksam zu sein. Wir schärfen unsere Sensibilität für die subtileren Noten. Achten auf das, was uns anzieht und was uns abstößt. Beobachten, welche Gefühlstöne aufsteigen und wohin sie uns führen.

Jede Entscheidung, die wir im Leben treffen, ist eine Form des Selbstausdrucks. Wir existieren als kreatives Wesen in einem kreativen Universum. Als einzigartiges Kunstwerk.

Einstimmung

Stell dir das Universum als etwas vor, das sich bis in alle Ewigkeit kreativ entfaltet.

Bäume erblühen.

Zellen teilen sich.

Flüsse bilden neue Nebenflüsse.

Die Welt pulsiert vor produktiver Energie, und alles, was auf unserem Planeten existiert, wird von dieser Energie angetrieben.

Jede Manifestation dieses Sichentfaltens tut ihre Arbeit für das Universum, jede auf ihre Weise, getreu ihrem eigenen kreativen Impuls.

Genau wie Bäume Blüten und Früchte bilden, erschafft die Menschheit Kunstwerke. Die Golden Gate Bridge, *»Das Weiße Album«*, »Guernica«, die Hagia Sophia, die Sphinx, die Raumfähre, die Autobahn, »Clair de Lune«, »Respect«, das römische Kolosseum, den Schraubenzieher von Phillips, das iPad, das Philadelphia Cheesesteak.

Schau dich um: Es gibt so viele bemerkenswerte Errungenschaften zu würdigen. Jede von ihnen ist ein Stück Menschheit, das sich treu ist, genau wie ein Kolibri sich treu ist, wenn er sein Nest baut, ein Pfirsichbaum, wenn er Früchte trägt, oder eine Regenwolke, wenn sie Regen bringt.

Jedes Nest, jeder Pfirsich, jeder Regentropfen und jedes große Werk sind anders. Manche Bäume bringen scheinbar schönere Früchte hervor als andere, und manche Menschen erschaffen scheinbar größere Werke als andere. Doch Geschmack und Schönheit liegen im Auge des Betrachters.

Woher weiß die Wolke, wann sie regnen soll? Woher weiß der Baum, wann der Frühling beginnt? Woher weiß der Vogel, wann es an der Zeit ist, ein neues Nest zu bauen?

Das Universum funktioniert wie ein Uhrwerk:

Ein jegliches
Hat seine Zeit,
Und alles Vorhaben unter dem Himmel
Hat seine Stunde:
Geboren werden hat seine Zeit,
Sterben hat seine Zeit;
Pflanzen hat seine Zeit, ausreißen,
Was gepflanzt ist, hat seine Zeit;
Töten hat seine Zeit, heilen hat seine Zeit;
Abbrechen hat seine Zeit,
Bauen hat seine Zeit;
Weinen hat seine Zeit, lachen hat seine Zeit;
Klagen hat seine Zeit, tanzen hat seine Zeit;

**Steine wegwerfen hat seine Zeit,
Steine sammeln hat seine Zeit …***

Diese Rhythmen geben nicht wir vor. Wir sind Teil eines größeren kreativen Aktes, den nicht wir dirigieren. Wir werden dirigiert. Der Künstler ist, wie alle Natur, in einen kosmischen Zeitplan eingebunden.

Falls dich eine Idee begeistert, du sie aber nicht zum Leben erweckst, kann es leicht passieren, dass sie sich durch einen anderen Schöpfer Gehör verschafft. Und zwar nicht, weil diese Person deine Idee gestohlen hätte, sondern weil die Zeit für diese Idee gekommen ist.

In diesem großen Sichentfalten sind Ideen und Gedanken, Themen und Lieder und andere Kunstwerke im Äther vorhanden, sie reifen planmäßig und sind bereit, in der physischen Welt zum Ausdruck zu kommen.

Unser Job als Künstler besteht darin, diese Informationen aufzunehmen, zu verwandeln und zu teilen. Uns obliegt es, die Nachrichten, die das Universum aussendet, zu übersetzen. Tendenziell sind die Besten unter uns diejenigen mit den empfänglichsten Antennen, weil sie mit ihnen die Energie einfangen können, die in einem bestimmten Augenblick schwingt. (Viele große Künstler und Künstlerinnen entwickeln ihre Antennen zunächst nicht, um Kunst zu schaffen, sondern um sich zu schützen. Das müssen sie, weil sie alles stärker verletzt. Sie nehmen alles sehr viel inniger wahr.)

* Altes Testament, Pred 3, 1–5 (in der Luther-Übersetzung).

Kunst ist häufig Teil einer Bewegung. Die Bauhaus-Architektur, der abstrakte Expressionismus, die Nouvelle Vague im französischen Kino, der Punkrock, die Beatgeneration, um nur einige aus der jüngsten Geschichte zu nennen. Solche Bewegungen sind wie Wellen; manche Künstlerinnen verstehen es, die Kultur zu lesen und sich darin zu positionieren, um auf der Welle zu reiten. Andere dagegen nehmen die Welle wahr, beschließen dann aber vielleicht, extra gegen den Strom zu schwimmen.

Wir sind allesamt Antennen für kreatives Denken. Manche Signale sind sehr stark, andere eher schwach. Ist deine Antenne nicht fein eingestellt, können die Impulse für dich leicht im Rauschen untergehen. Noch dazu, wo die Signale, die uns erreichen, häufig subtiler sind als das, was wir mit unseren Sinnen wahrnehmen. Sie sind eher energetisch als taktil und werden meist nicht bewusst gespeichert, sondern intuitiv aufgenommen.

Die meiste Zeit empfangen wir die Impulse aus der Außenwelt über unsere fünf Sinne. Wird Information auf einer höheren Frequenz übertragen, schleusen wir energetisches Material, das sich körperlich nicht greifen lässt. Das widerspricht der Logik ebenso wie die Tatsache, dass ein Elektron sich an zwei Orten zugleich befinden kann. Diese schwer fassbare Energie ist sehr wertvoll, obwohl nur wenige Menschen offen genug sind, sie aufzunehmen und zu halten.

Wie greifen wir ein Signal auf, das man weder hören noch definieren kann? Indem wir nicht danach suchen. Und auch nicht versuchen, unseren Weg dorthin vorherzusagen oder zu analysieren. Stattdessen müssen wir einen offenen Raum schaffen. Einen Raum, der so frei von dem normalerweise überladenen Zustand unseres Geistes ist, dass er wie ein Vakuum funktioniert und die Ideen anzieht, die das Universum zur Verfügung stellt.

Diese Freiheit ist gar nicht so schwer zu erlangen, wie man denken könnte. Sie ist unser aller Startpunkt. Als Kind erleben wir viel weniger Störfelder zwischen der Aufnahme von Ideen und ihrer Verinnerlichung. Wir freuen uns über neue Informationen, statt Vergleiche mit dem anzustellen, was wir bereits glauben; wir leben mehr in der Gegenwart, statt uns über zukünftige Auswirkungen Sorgen zu machen; wir sind eher spontan als analytisch; wir sind neugierig und nicht abgestumpft. Selbst die alltäglichsten Erfahrungen flößen uns Ehrfurcht ein. Tiefe Traurigkeit und intensive Begeisterung können sich im Nu abwechseln. Weder halten wir eine Fassade aufrecht noch an einem Narrativ fest.

Häufig haben sich Künstler, die ihr ganzes Leben lang große Werke zu schaffen vermögen, diese kindlichen Eigenschaften bewahrt. Eine Seinsweise zu üben, die uns erlaubt, die Welt mit unverfälschtem, unschuldigem Blick zu betrachten, kann uns frei machen dafür, im Einklang mit dem Zeitplan des Universums zu handeln.

Für jede Idee gibt es eine rechte Zeit.
Und jede findet ihren Weg,
um sich durch uns auszudrücken.

Die Quelle der Kreativität

Wir machen uns mit allem auf den Weg:
mit allem Gesehenen,
allem Getanen,
allem Gedachten,
allem Gefühlten,
allem Vorgestellten,
allem Vergessenen
und allem, was noch ungesagt und ungedacht
in uns ruht.

Das ist unser Quellenmaterial, aus dem wir jeden kreativen Augenblick gestalten.

Diese Fülle kommt nicht aus uns selbst. Die große Quelle findet sich da draußen, als Weisheit, die uns umgibt, als unerschöpfliche Gabe, die immer zugänglich ist.

Entweder spüren wir sie, erinnern uns an sie, oder wir stimmen uns auf sie ein. Und zwar nicht nur aufgrund unserer Erfahrungen. Es können auch Träume sein, Ahnungen, unterbewusste Fragmente oder andere, noch unbekannte Zugänge, über die das Äußere seinen Weg nach innen findet.

Der Geist meint, das Material käme von innen. Doch das ist eine Illusion. Winzige, kostbare Fragmente dieser ungeheuer großen Fülle sind in uns gespeichert. Von dort steigen sie aus dem Unbewussten auf und verdichten sich zu einem Gedanken. Einer Idee.

⊙

Vielleicht ist es hilfreich, sich die große Quelle wie eine Wolke vorzustellen.

Wolken verschwinden niemals ganz. Sie ändern ihre Form. Sie verwandeln sich in Regen und werden Teil des Meeres, bevor sie verdunsten und wieder zu Wolken werden.

Dasselbe gilt für die Kunst.

Kunst ist ein Kreislauf von Ideen. Sie kommen uns deshalb neu vor, weil sie sich jedes Mal, wenn sie wiederkehren, auf andere Weise zusammensetzen. Keine Wolke gleicht der anderen.

Deshalb kann ein neues Kunstwerk, das uns berührt, auf einer tieferen Ebene in uns nachhallen. Es ist das Vertraute, das uns in einer ungewohnten Form wiederbegegnet. Oder es *ist* tatsächlich etwas Unbekanntes, von dem wir gar nicht wussten, dass wir danach suchten. Ein fehlendes Teil in einem Puzzle, das nie fertig wird.

Sowie etwas nicht mehr reine Idee,
sondern Wirklichkeit geworden ist,
kann es kleiner wirken.
Es hat sich aus etwas Unirdischem in
etwas Irdisches verwandelt.

Der Vorstellung sind keine Grenzen gesetzt.
Der physischen Welt schon.
Das Werk existiert in beiden.

Gewahrsein

Bei den meisten unserer täglichen Aktivitäten wählen wir die Agenda und entwickeln eine Strategie, um das angestrebte Ziel zu erreichen. Wir erstellen das Programm.

Das Gewahrsein geht anders vor. Das Programm findet um uns herum statt. Die Welt ist die Handelnde, wir sind nur die Zeugen. Wir haben wenig oder gar keine Kontrolle über den Inhalt.

Das Geschenk des Gewahrseins ermöglicht uns, festzustellen, was im gegenwärtigen Augenblick um uns und in uns vor sich geht, und dies ohne jede Anhaftung oder Verstrickung zu tun. Wir können Körperempfindungen, flüchtige Gedanken und Gefühle, Klänge und visuelle Reize, Gerüche und Geschmackswahrnehmungen beobachten.

Eine Blume gibt mehr von sich preis, wenn wir sie unvoreingenommen betrachten. Wir brauchen nichts dafür zu tun, außer gewahr zu sein. Das gilt für alle Dinge.

Gewahrsein ist kein Zustand, den man forcieren kann.

Ausdauer ist der Schlüssel dazu, mehr Aufwand benötigt es nicht. Es ist ein aktives Zulassen. Ein Präsentsein mit dem, was im ewigen Jetzt geschieht, und die Akzeptanz, dass es so ist.

Sobald wir einen Aspekt der großen Quelle etikettieren, beobachten wir ihn nicht mehr, sondern analysieren ihn. Dies gilt für jeden Gedanken, der uns aus dem Präsentsein mit dem Objekt unseres Gewahrseins herauszieht, egal, ob wir ihn analysieren oder uns einfach nur der Tatsache bewusst werden, dass wir gewahr sind. Analyse ist eine sekundäre Funktion. Das Gewahrsein geschieht anfangs als reine Verbindung mit dem Objekt unserer Aufmerksamkeit. Finde ich etwas besonders interessant oder schön, lebe ich zunächst diese Erfahrung. Erst danach versuche ich vielleicht, sie zu verstehen.

Auch wenn wir nicht ändern können, was wir wahrnehmen, können wir doch unsere Wahrnehmungsfähigkeit verändern.

Wir können unser Gewahrsein dehnen oder verengen, es mit offenen oder geschlossenen Augen erfahren. Wir können im Innern still werden, um mehr von dem wahrzunehmen, was um uns herum geschieht, oder aber für Ruhe im Außen sorgen, um besser wahrzunehmen, was in uns geschieht.

Wir können uns so nah an etwas heranzoomen, dass es die Form verliert, die es zu dem macht, als das es erscheint, oder uns so herauszoomen, dass es wie etwas völlig Neues wirkt.

Das Universum ist nur so groß wie unsere Wahrnehmung davon. Kultivieren wir unser Gewahrsein, erweitern wir das Universum.

Das dehnt den Rahmen aus – nicht nur des Materials, das uns als kreative Masse zur Verfügung steht, sondern unseres gesamten Lebenspotenzials.

Die Wurzel der Kreativität liegt in
der Fähigkeit, in die Tiefe zu schauen.
Hinter das Gewöhnliche und Alltägliche zu blicken
und zu dem zu gelangen, was andernfalls vielleicht
unsichtbar bliebe.

Gefäß und Filter

Stellen wir uns vor, wir haben alle ein Behältnis in uns, das ständig mit Daten befüllt wird.

Es enthält die Summe unserer Gedanken, Gefühle, Träume und Erfahrungen in der Welt. Nennen wir es das Gefäß.

Die Informationen gelangen nicht wie etwa Regen, der in eine Tonne geleitet wird, direkt in das Gefäß. Sie werden auf eine für jeden und jede von uns einzigartige Weise gefiltert.

Nicht alles schafft es durch diesen Filter. Und was durchkommt, bleibt nicht immer unverfälscht.

Wir alle haben unsere eigene Methode, den Zugang zur großen Quelle zu reduzieren. Der Speicher unseres Gedächtnisses ist begrenzt. Häufig verstehen unsere Sinne die Daten falsch. Und unser Verstand kann nicht alle Informationen verarbeiten, die uns umgeben. Unsere Sinne wären von all dem Licht, Klang, Geruch sowie den Farben überfordert. Wir wären nicht in der Lage, die Gegenstände voneinander zu unterscheiden.

Damit wir durch diese riesige Datenwelt navigieren können, lernen wir schon früh im Leben, uns auf die Informationen zu konzentrieren, die uns wesentlich oder besonders interessant erscheinen. Und den Rest auszublenden.

Als Künstler streben wir danach, zu unserer kindlichen Wahrnehmung zurückzufinden: einen unschuldigen Zustand des Staunens und der Wertschätzung wiederzuerlangen, frei von Nützlichkeits- oder Überlebensgedanken.

Mit unserem Filter reduzieren wir die Quellenintelligenz unweigerlich. Wir interpretieren die eintreffenden Impulse, statt sie ungehindert durchzulassen. Während sich das Gefäß mit diesen umgestalteten Fragmenten füllt, werden Beziehungen zu dem bereits gesammelten Material hergestellt.

Aus diesen Beziehungen entstehen Überzeugungen und Geschichten. Sie können etwas darüber aussagen, wer wir und wer die Menschen in unserer Umgebung sind, oder auch etwas über die Beschaffenheit der Welt, in der wir leben. Und schließlich verschmelzen diese Geschichten zu einem Weltbild.

Als Künstlerinnen wollen wir diese Geschichten nicht allzu sehr festhalten und Platz für die zahlreichen Informationen lassen, die nicht so leicht in unser Glaubenssystem hineinpassen. Je mehr Rohdaten wir aufnehmen und je weniger wir sie formen, desto näher kommen wir dem Wesentlichen.

Den kreativen Akt kann man sich als Summe der Inhalte unseres Gefäßes vorstellen, als potenzielles Material, aus dem wir Elemente auswählen, die uns gegenwärtig nützlich oder wesentlich scheinen, um sie neu zu präsentieren.

So wird die große Quelle durch uns gefiltert und findet ihren Weg in Bücher, Filme, Gebäude, Gemälde, Mahlzeiten, Unternehmen – oder sonstige Projekte, die wir angehen.

Entscheiden wir uns, das, was wir machen, mit anderen zu teilen, dann kann unsere Arbeit erneut in Umlauf gehen und zu Quellenmaterial für andere werden.

Die Quelle macht zugänglich.
Der Filter destilliert.
Das Gefäß empfängt.
Und häufig entzieht sich das unserer Kontrolle.

Es ist hilfreich zu wissen, dass sich dieses Standardsystem umgehen lässt. Sind wir geübt, können wir unsere Schnittstelle mit der Quelle verbessern und die Aufnahmefähigkeit des Gefäßes radikal erweitern. Wenn man den Klang verändern will, ist eine Veränderung des Instruments nicht immer der leichteste, aber womöglich der kraftvollste Weg.

Welches Werkzeug du auch immer
für den schöpferischen Vorgang nutzt,
das wahre Instrument bist du selbst.
Und durch dich
wird das Universum, das uns umgibt,
klar erkennbar.

Das Unsichtbare

Nach klassischer Definition besteht der Sinn der Kunst darin, physische und digitale Artefakte herzustellen. Regale mit Töpferware, Büchern und Tonträgern zu füllen.

Auch wenn Künstler sich dessen im Allgemeinen nicht bewusst sind, stellen diese Endprodukte Nebenerzeugnisse eines größeren Wunsches dar. Wir sind nicht schöpferisch tätig, um materielle Dinge herzustellen oder zu verkaufen. Der Schöpfungsakt ist ein Versuch, in ein geheimnisvolles Reich vorzustoßen. Eine Sehnsucht nach Transzendenz. Was wir erschaffen, ermöglicht uns, flüchtige Blicke in eine innere Landschaft zu teilen, die sich unserem Verstand entzieht. Kunst ist unser Portal in die unsichtbare Welt.

Berücksichtigt die Künstlerin die spirituelle Komponente nicht, so arbeitet sie mit einem entscheidenden Nachteil. Die spirituelle Welt vermittelt uns einen Sinn fürs Staunen und ein Maß an Aufgeschlossenheit, die sich in der Kälte der Wissenschaft nicht finden lassen. Die

Welt der Vernunft ist eng und voller Sackgassen, während die spirituelle Sichtweise keine Grenzen kennt und uns fantastische Möglichkeiten eröffnet. Die unsichtbare Welt ist unbegrenzt.

Denen, die vor allem auf den Intellekt bauen, sagt das Wort *Spiritualität* womöglich nichts, ebenso wenig denen, die das Wort mit institutionalisierter Religion gleichsetzen. Man kann sich Spiritualität auch als den Glauben an eine Verbundenheit vorstellen. Oder sie einfach als Glaube an Magie verstehen. Wenn wir an etwas glauben, ist es mit einer besonderen Schwingung versehen, egal, ob sich das nachweisen lässt oder nicht.

Eine spirituelle Praxis zeigt uns eine Welt, in der wir nicht allein sind. Unter der Oberfläche gibt es noch einen tieferen Sinn. Wir können die Energie, die uns umgibt, nutzen, um unserem Werk diesen tieferen Sinn zu verleihen. Wir sind Teil von etwas Größerem, das nicht erklärbar ist, von einer Welt unendlicher Möglichkeiten.

Diese Energie lässt sich ganz wunderbar in kreativen Betätigungen nutzen. Das Grundprinzip basiert auf dem Glauben. Wir glauben und wir verhalten uns so, als wäre es wahr. Jeder Beweis ist überflüssig.

Vielleicht stellst du bei der Arbeit an einem Projekt fest, dass Zufälle häufiger passieren, als das eigentlich der Fall sein dürfte – fast so, als gäbe es eine zusätzliche Hand, die dich in eine bestimmte Richtung führt. Als gäbe es ein inneres Wissen, das deine Bewegungen sanft anleitet. Der Glaube ermöglicht dir, der Richtung zu vertrauen, ohne dass du es verstehen müsstest.

Achte besonders auf die Augenblicke, die dir den Atem rauben – einen wunderschönen Sonnenuntergang, eine ungewöhnliche Augenfarbe, ein berührendes Musikstück, das elegante Design einer komplex konstruierten Maschine.

Wenn dir eine Arbeit, ein Bewusstseinsfragment oder ein Element aus der Natur Zugang zu etwas Größerem ermöglicht, liegt das an deren manifest gewordener spiritueller Komponente. Sie schenkt dir diesen flüchtigen Blick ins Unsichtbare.

Wissenschaft reicht letztlich
häufig dicht an Kunst heran.
Ebenso häufig reicht Kunst
dicht an das Spirituelle heran.

Auf der Suche nach Hinweisen

Wir sind von Arbeitsmaterial umgeben. Es wartet an jeder Ecke auf uns, findet sich in Gesprächen, in der Natur, in zufälligen Begegnungen oder bereits existierenden Kunstwerken.

Wenn du nach einer Lösung für ein kreatives Problem suchst, achte genau auf das, was gerade um dich herum geschieht. Suche nach Hinweisen, die auf neue Methoden oder Möglichkeiten deuten, deine Ideen weiterzuentwickeln.

Sagen wir, eine Autorin sitzt im Café und ist sich bei der Arbeit an einer Szene unsicher, was einer der Protagonisten als Nächstes sagen wird. Vielleicht hört sie aus dem, was die Leute am Nebentisch sagen, einen Satz heraus, der ihr die direkte Antwort liefert oder zumindest einen flüchtigen Blick in eine mögliche Richtung schenkt.

Derlei Botschaften erhalten wir ständig, wenn wir nur offen dafür sind. Vielleicht springt uns aus einem Buch, das wir gerade lesen, ein Zitat entgegen, oder in einem

Film kommt ein Spruch vor, der uns am liebsten auf Stopp drücken und zurückspulen lassen würde. Manchmal findet sich hier die exakte Antwort, nach der wir gesucht haben. Oder es ist das Echo einer Idee, die auch an anderen Orten immer wieder auftaucht – und um Aufmerksamkeit bettelt oder uns auf unserem aktuellen Weg bestärkt.

Solche Übertragungen sind subtil: Sie sind allgegenwärtig, aber leicht zu übersehen. Sofern wir nicht nach Hinweisen suchen, lassen wir sie unbemerkt vorüberziehen. Bleib offen dafür, eventuelle Verbindungen auszumachen, und überlege, wohin sie dich führen könnten.

Wenn etwas Außergewöhnliches passiert, frage dich, warum. Was für eine Botschaft steckt dahinter? Gibt es vielleicht einen tieferen Sinn?

Dieser Vorgang ist keine Wissenschaft. Wir können Hinweise weder kontrollieren noch zwingen, sich zu zeigen. Manchmal hilft eine starke Intention dabei, eine spezifische Antwort zu erhalten oder auf einem bestimmten Weg bestärkt zu werden. Manchmal dagegen findest du deinen Weg gerade dadurch, dass du dich komplett von deiner Intention löst.

Integraler Bestandteil der künstlerischen Arbeit ist es, diese Signale zu entschlüsseln. Je offener wir sind, desto mehr Hinweise finden wir und desto weniger Mühe müssen wir dafür aufwenden. Wir brauchen weniger nachzudenken und können uns auf die Antworten verlassen, die in uns aufsteigen.

Stell dir die Welt als Förderband vor, das unablässig kleine Päckchen transportiert. Der erste Schritt besteht darin zu bemerken, dass das Förderband da ist. Dann kannst du, wann immer du willst, ein Päckchen herunternehmen, aufmachen und nachsehen, was es enthält.

Schlage zur Übung irgendeine Buchseite auf und lies die erste Zeile, an der dein Blick hängen bleibt. Überlege, ob das, was dort steht, irgendwie zu deiner aktuellen Situation passt. Vielleicht ist das zufällig so, aber du könntest auch die Möglichkeit erwägen, dass hier nicht nur der Zufall am Werk ist. Als ich einen Blinddarmdurchbruch hatte, bestand der Arzt, der ihn diagnostiziert hatte, darauf, ich müsse ihn mir sofort im Krankenhaus herausoperieren lassen, es gebe keine andere Option. In einer nahe gelegenen Buchhandlung griff ich auf einem Tisch vorn im Geschäft nach einem neuen Buch von Dr. Andrew Weil und schlug es in der Mitte auf. Die erste Passage, die ich las, lautete: Wenn dir ein Arzt ein Körperteil entfernen möchte und dir sagt, es habe keinerlei Funktion, glaube ihm nicht. Das war die Information, die ich in diesem Augenblick brauchte. Und meinen Blinddarm habe ich noch heute.

Wenn sich Hinweise zeigen, kann es einem durchaus so vorkommen, als wäre ein feines Uhrwerk im Gange. Als würde das Universum dich anstupsen und dir mit kleinen Zeichen sagen, dass es auf deiner Seite ist und dich mit allem versorgen möchte, was du zur Vollendung deiner Mission benötigst.

Halte Ausschau nach dem,
was niemand außer dir bemerkt.

Übung

In der Wildnis brauchen Tiere einen fokussierten Blick, um zu überleben. Der enge Fokus sorgt dafür, dass sie sich von lebenswichtigen Bedürfnissen nicht ablenken lassen.

Nahrung,
Unterschlupf,
Raubtiere,
Fortpflanzung.

Für einen Künstler kann ein solches reflexhaftes Handeln ein Hindernis bedeuten. Erweitert er den Spielraum, kann er mehr interessante Momente wahrnehmen und auffangen und so einen Materialschatz erlangen, aus dem sich später schöpfen lässt.

Übung ist die Verkörperung eines Ansatzes für ein Konzept, sie kann uns darin unterstützen, einen gewünschten Geisteszustand herbeizuführen. Üben wir uns darin, unsere Sinne für das zu öffnen, was ist, nähern wir uns einem Leben in einem stets offenen Zustand an. Wir bilden eine

Gewohnheit aus, in der ein erweitertes Bewusstsein der Standard für unser tägliches Dasein wird.

Diese Übung zu vertiefen bedeutet, sich auf eine innigere Beziehung mit der großen Quelle einzulassen. Je mehr wir die Störfelder unseres Filters reduzieren, desto besser werden wir darin, die uns umgebenden Rhythmen und Bewegungen zu erkennen. Das wiederum ermöglicht uns, auf harmonischere Weise an ihnen teilzuhaben.

Nehmen wir die Rhythmen und Zyklen der Erde wahr und entscheiden uns, in Übereinstimmung mit den Jahreszeiten zu leben, geschieht etwas Bemerkenswertes: Wir stellen eine Verbindung her.

Und fangen an, uns als Teil eines größeren Ganzen zu sehen, das sich ständig erneuert. Dann können wir diese allgewaltige, sich ausbreitende Kraft anzapfen und uns von ihrer kreativen Welle tragen lassen.

⊙

Zur Stärkung unserer Übung können wir einen Plan erstellen und uns zu bestimmten Zeiten am Tag oder in der Woche bestimmten Ritualen widmen.

Das muss nichts Aufwendiges sein. Schon kleine Rituale können einen großen Unterschied bewirken.

Wir können zum Beispiel beschließen, morgens direkt nach dem Aufwachen drei tiefe, langsame Atemzüge zu nehmen. Diese einfache Übung kann uns dahin gehend ausrichten, dass wir den Tag grundsätzlich still, zentriert und im Hier und Jetzt beginnen.

Ebenso können wir unsere Mahlzeiten achtsam zu uns nehmen, indem wir jeden Bissen wertschätzend genießen. Oder wir machen täglich einen Spaziergang in der Natur und betrachten alles, was sich in unserem Blickfeld befindet, mit Dankbarkeit und Verbundenheit. Oder halten vor dem Einschlafen einen Moment inne und nehmen staunend wahr, wie unser Herz klopft und das Blut unsere Venen durchströmt.

Der Zweck solcher Übungen besteht nicht unbedingt im Tun, wie auch das Ziel der Meditation nicht das Meditieren ist. Es geht darum, auch jenseits des Übens eine grundsätzlich andere Einstellung zu entwickeln. Wir bilden die Muskulatur unserer Psyche aus, damit sie sich besser und klarer einstimmen kann. Das ist der eigentliche Sinn des Übens.

Das Gewahrsein muss regelmäßig aufgefrischt werden. Selbst wenn es zu einer guten Gewohnheit geworden ist, müssen wir es wieder und wieder neu erschaffen.

Bis wir eines Tages feststellen, dass wir das Gewahrsein immer und zu jeder Zeit an jedem Ort üben und unser Leben in einem Zustand ständiger Offenheit und Aufnahmebereitschaft führen.

Ein Leben als Künstlerin ist ein beständiges Üben.
Entweder du übst,
oder du lässt es sein.

Zu sagen, du seist nicht gut darin, hat keinen Sinn.
Ebenso wenig kann ein Mönch sagen:
»Ich bin nicht gut darin, Mönch zu sein.«
Entweder du lebst als Mönch, oder du lässt es sein.

Meist wird das fertige Erzeugnis für
das künstlerische Werk gehalten.

Doch das eigentlich künstlerische Werk
ist das Dasein als Künstlerin.

Tauche ein
(Die großen Werke)

Wir können uns jederzeit entscheiden, unsere Gewahrseinspraxis zu erweitern.

Es geht nicht um eine Suche, obgleich sie durch Neugier geschürt wird. Durch einen Hunger danach, schöne Dinge zu sehen, schöne Klänge zu hören, tiefer zu empfinden. Stets aufs Neue zu lernen, fasziniert und überrascht zu sein.

Überleg dir, ob du nicht im Dienst dieses starken Instinkts in den Kanon großer Werke eintauchen magst. Lies die beste Literatur, schau dir die Meisterwerke des Kinos an, betrachte die berühmtesten Gemälde vor Ort, besuche architektonische Sehenswürdigkeiten. Es gibt keine Standardliste, keinen allgemeingültigen Maßstab für große Werke. Der »Kanon« verändert sich ständig, über Zeit und Raum hinweg. Doch birgt die Begegnung mit großer Kunst eine Einladung für uns. Sie bringt uns weiter und öffnet uns Fenster zu Möglichkeiten.

Entscheidest du dich, ein Jahr lang täglich klassische Literatur anstelle der Zeitung zu lesen, wirst du am Ende ein besseres Gespür für echte Größe entwickelt haben, denn die findet sich in diesen Büchern und nicht in den Medien.

Dies trifft auf jede von uns getroffene Entscheidung zu. Nicht nur, was Kunst anbelangt, sondern auch auf die Freunde, die wir uns aussuchen, auf die Gespräche, die wir führen, und sogar auf unsere Gedanken. Alle diese Aspekte beeinflussen unsere Fähigkeit, sehr Gutes von Gutem zu unterscheiden und Großartiges von sehr Gutem. Sie helfen uns zu bestimmen, was oder wer unsere Zeit und Aufmerksamkeit wert ist.

Denn für die endlose Menge an Informationen, die uns zur Verfügung stehen, haben wir nur eine begrenzte Speicherkapazität. Wir sollten daher auf Qualität achten und sorgfältig auswählen, was wir in uns aufnehmen.

Das betrifft uns nicht nur dann, wenn wir Kunst mit bleibendem Wert schaffen wollen. Auch wenn es unser Ziel sein sollte, Fast Food herzustellen, schmeckt es vermutlich besser, wenn wir dafür die besten und frischesten uns verfügbaren Nahrungsmittel verwerten. Wir heben unseren Geschmackssinn auf ein höheres Niveau.

Ziel ist es nicht, zu lernen, Großartiges zu imitieren, sondern unser inneres Maß für Größe zu justieren. Dann fällt es uns leichter, die zahllosen Entscheidungen zu treffen, die uns am Ende womöglich zu unserem eigenen großen Werk führen.

Die Natur als Lehrerin

Von allen großen Werken, die für uns erfahrbar sind, ist die Natur das absoluteste und beständigste. Wir können zusehen, wie sie sich über die Jahreszeiten hinweg verändert. Wir erleben sie in den Bergen, am Meer, in den Wüsten und Wäldern. Wir können allnächtlich die sich ändernden Mondphasen und die Beziehung zwischen Mond und Sternen beobachten.

Unter freiem Himmel mangelt es uns nie an Momenten der Ehrfurcht und Inspiration. Würden wir im Leben nichts anderes tun, als zu beobachten, wie sich Licht und Schatten den Tag über verändern – wir würden ständig etwas Neues entdecken.

Wir brauchen die Natur nicht zu verstehen, um sie wertzuschätzen. Das gilt für alle Dinge. Sei dir einfach nur der Momente gewahr, in denen dir etwas von großer Schönheit den Atem raubt.

Zum Beispiel der Blick auf eine durch den halbdunklen Abendhimmel ziehende Vogelformation oder die Ehrfurcht, die dich überkommt, wenn du am Fuß eines riesigen Mammutbaumes stehst, der Tausende Jahre alt ist. In der Natur steckt unendlich viel Weisheit, und wenn wir sie bemerken, ruft sie in uns schlummernde Möglichkeiten wach. Durch die Verbindung mit der Natur kommen wir unserem eigenen Wesen näher.

Wählst du Farben nach dem Pantone-System aus, bist du auf eine bestimmte Auswahl beschränkt. Gehst du hinaus in die Natur, ist die Palette unendlich groß. Jeder Fels enthält eine solche Variationsbreite an Farben, dass wir niemals eine Farbdose finden könnten, um exakt dieselbe Schattierung zu reproduzieren.

Die Natur übertrifft unsere Bestrebungen, alles zu etikettieren und zu klassifizieren, zu reduzieren und zu begrenzen. Die natürliche Welt ist unfassbar reicher, verflochtener und komplexer, als es uns gelehrt wird, und unendlich viel geheimnisvoller und schöner.

Vertiefen wir unsere Verbindung zur Natur, dient dies unserem Geist, und was unserem Geist dient, dient stets und ausnahmslos unserem künstlerischen Schaffen.

Je näher wir der natürlichen Welt kommen können, desto eher wird uns klar, dass wir nicht losgelöst von ihr existieren. Und dass wir, wenn wir schöpferisch tätig sind, nicht nur unsere einzigartige Individualität ausdrücken, sondern auch unsere nahtlose Verbindung zu einem unendlichen Einssein.

Dass wir so gern das Meer betrachten,
hat einen Grund.
Es heißt, dass uns das Meer
ein getreueres Bild von uns zeigt
als jeder Spiegel.

Nichts ist statisch

Die Welt ändert sich ständig.

Du kannst dich fünf Tage hintereinander an ein und demselben Ort ein und derselben Achtsamkeitsübung widmen und doch jedes Mal eine einzigartige Erfahrung machen.

Du nimmst andere Geräusche und Gerüche wahr. Es gibt keine zwei Windböen, die sich gleich anfühlen. Das Licht und die Qualität der Sonne verändern sich von Minute zu Minute und von Tag zu Tag.

Innerhalb der Fülle der Natur sind die Variationen leicht wahrnehmbar. Manches ist laut, manches nur ein Flüstern. Selbst wenn ein Element statisch erscheint – ein Kunstwerk im Museum oder ein Alltagsgegenstand in der Küche –, können wir es bei tiefer Betrachtung auf neue Weise erfahren. Wir entdecken zuvor unbeachtete Aspekte. Lesen wir ein und dasselbe Buch wieder und wieder, stoßen wir voraussichtlich bei jedem Lesen auf neue Themen, Zwischentöne, Einzelheiten und Verbindungen.

Wir können nicht zweimal in denselben Fluss steigen, denn er strömt beständig dahin. So wie alles andere auch.

Die Welt ändert sich unentwegt. Egal, wie häufig wir Achtsamkeit praktizieren, es wird immer irgendetwas Neues zu entdecken geben. Es liegt an uns, es zu finden.

Entsprechend wachsen auch wir ständig, ändern und entwickeln uns. Wir lernen und vergessen Dinge. Wir durchwandern verschiedene Gemütszustände und Gedanken, durchlaufen unbewusste Prozesse. Unsere Körperzellen sterben und bilden sich neu. Niemand bleibt den ganzen Tag über ein und dieselbe Person.

Selbst wenn die äußere Welt statisch bliebe, würden sich die Informationen, die wir aufnehmen, ständig verändern. Dasselbe gilt für die Werke, die wir erschaffen.

Wer heute etwas tut, ist schon morgen,
wenn er sich erneut an die Arbeit macht,
ein anderer Mensch.

Innenschau

⊙

In der Ferne ist rauschendes Wasser zu hören.

Ich spüre eine Brise, es könnte warme Luft sein, aber da die Härchen auf meinen Armen sie als kühlend empfinden, fällt mir eine richtige Einordung schwer.

Zwei Vögel singen. Mit geschlossenen Augen lokalisiere ich sie etwa 50 Schritte hinter mir zur Rechten.

Jetzt ertönt ein kleinerer Vogel oder zumindest einer mit einem leiseren und höheren Zwitschern in der Klangwelt hinter mir. Aus dem rhythmischen Wechselspiel schließe ich, dass die Vögel nicht im Austausch miteinander sind. Jeder singt sein eigenes Lied.

Ich höre ein vorbeifahrendes Auto, in der Ferne Kinderstimmen. Verschwommen dringt rhythmische Musik von links aus der Ferne.

Dann im Gesicht, direkt vor dem linken Ohr ein Jucken.

Ein Auto – es klingt schwerer und größer – fährt vorbei, und plötzlich höre ich leise Jazzmusik aus nächster Nähe.

Erst jetzt fällt mir ein, dass ich sie vorhin eingeschaltet hatte – sie war nur bislang unhörbar gewesen.

Jemand kommt. Ich öffne die Augen. Und das alles verschwindet.

Gewöhnlich glauben wir, dass das Leben aus einer Reihe Erfahrungen in der Außenwelt besteht. Und dass wir nach außen hin ein besonderes Leben führen müssen, um es mit anderen teilen zu können. Dabei übersehen wir meist völlig das Erleben unserer Innenwelt.

Fokussieren wir uns auf das, was in uns vorgeht – Empfindungen, Gefühle, die Muster unserer Gedanken –, lässt sich eine Fülle an Material finden. Unsere innere Welt ist mindestens ebenso interessant, schön und erstaunlich wie die Natur. Schließlich ist sie aus der Natur entstanden.

Wenn wir uns nach innen wenden, verarbeiten wir, was im Außen vor sich geht. Wir sind nicht mehr davon getrennt. Wir sind verbunden. Eins.

Am Ende macht es keinen Unterschied, ob unser Inhalt im Innen oder im Außen entsteht. Fällt uns ein wunderbarer Gedanke oder Satz ein oder sehen wir einen wunderschönen Sonnenuntergang, ist das eine nicht besser als das andere. Beide sind auf unterschiedliche Weise gleich wunderbar. Wir sollten nicht vergessen, dass wir stets mehr Optionen zur Verfügung haben, als wir vielleicht meinen.

Erinnerungen und das Unbewusste

Manche Sängerinnen und Sänger nehmen, wenn ihnen ein neuer Instrumental-Track vorgelegt wird, gleich die ersten Töne auf, die ihnen dazu einfallen, ohne vorher nachzudenken oder sich vorzubereiten.

Häufig singen sie Zufallswörter oder Silben ohne jeden Bedeutungsgehalt. Es ist nicht ungewöhnlich, dass aus diesem Kauderwelsch eine Geschichte oder Schlüsselsätze entstehen.

Bei diesem Vorgang wird nicht aktiv versucht zu schreiben. Das Werk entsteht auf unbewusster Ebene. Das Material ist da, im Innern verborgen.

Es gibt Übungen, die den Zugang zu dieser tieferen inneren Quelle fördern. Um Wut abzubauen, könntest du zum Beispiel fünf Minuten auf ein Kissen schlagen. Das über die volle Länge durchzuhalten ist schwieriger, als du vielleicht denkst. Stell dir einen Timer und powere dich richtig aus. Schreib direkt im Anschluss fünf Seiten voll mit allem, was dir gerade in den Sinn kommt.

Ziel ist es, nicht darüber nachzudenken und auf keinen Fall zu versuchen, den Inhalt zu kontrollieren. Schreib alles so auf, wie es gerade kommt.

Unser Unterbewusstsein enthält eine Fülle hochwertiger Informationen, und wenn wir Wege finden, darauf zurückzugreifen, kann dies neues Material hervorbringen, aus dem wir schöpfen können.

Die Psyche hat Zugang zu einer viel tieferen universellen Weisheit, als wir uns mit unserem Bewusstsein ausdenken könnten. Sie bietet uns eine deutlich weniger begrenzte Sicht. Eine ozeanische Quelle.

Wir wissen nicht, wie und warum sie funktioniert. Doch auch ohne den Prozess zu verstehen, der da im Spiel ist, machen ihn sich viele Künstler zunutze, indem sie einfach auf ihr Unbewusstes zurückgreifen.

Häufig können wir einen solchen Zustand nicht absichtlich herbeiführen. Manche Künstlerinnen haben ihre besten Werke bei 40 Grad Fieber geschaffen. Solcherlei tranceähnliche Zustände umgehen den denkenden Teil des Gehirns und docken direkt an den Traumzustand an.

Im Reich des Übergangs zwischen Wachen und Schlafen liegt eine große Weisheit. Welche Gedanken und Ideen kommen dir direkt vor dem Einschlafen in den Sinn? Wie fühlst du dich, wenn du aus einem Traum erwachst?

Um nur ein Beispiel zu nennen, in der Weisheitstradition des tibetischen Traumyoga sagen die Lamas, der Traumzustand sei ebenso wirklich – oder unwirklich – wie der Wachzustand.

Nützlich könnte ein Traumtagebuch sein. Leg dir Stift

und Papier ans Bett und schreib deinen Traum direkt nach dem Aufwachen, bevor du irgendetwas anderes tust, so detailliert wie möglich auf. Versuch dich nicht unnötig zu bewegen. Schon ein Drehen des Kopfes kann den Traum aus dem Gedächtnis vertreiben.

Beim Schreiben wird das Bild wieder deutlicher werden, und du erinnerst dich an mehr von deinem Traum – das Setting, die Details – als in dem Moment, wo du zum Schreiben angesetzt hattest. Je öfter du diese Übung durchführst, Morgen für Morgen, desto besser wirst du dich an deine Träume erinnern. Außerdem kann es hilfreich sein, wenn du dir vor dem Einschlafen fest vornimmst, dich an deine Träume zu erinnern.

Auch Erinnerungen können als eine Art Traum verstanden werden. Sie sind weniger das getreue Dokument eines Lebensereignisses als eine romantische Geschichte. Und in diesen traumähnlichen Erinnerungen an vergangene Erfahrungen lässt sich gutes Material finden.

Ein weiteres hilfreiches Tool ist der Zufall – oder besser, der scheinbare Zufall, denn schließlich geht es um eine Ebene, die wir nicht verstehen.

Wenn wir zum Beispiel das *I Ging* werfen, bestimmen wir nicht, wo die Stäbe oder Münzen landen. Gerade sie aber liefern uns Informationen, die wir für unsere Entscheidungen nutzen können. Und wieder umgehen wir unser Bewusstsein und bekommen vielleicht Zugang zu einer größeren Intelligenz.

Es ist immer da

Die Sonne hat einen sehr großen Einfluss auf mich. An einem schönen Tag fühle ich mich dynamisch, an einem düsteren bin ich schwermütig.

An solchen wolkenverhangenen Tagen hilft es, wenn ich mir bewusst mache, dass die Sonne ja trotzdem da ist. Sie hat sich nur hinter einer dicken Schicht Wolken versteckt. Mittags steht sie hoch oben am Himmel, egal, wie hell oder dunkel es draußen ist.

Ebenso umgeben uns die Informationen, die wir suchen, ganz egal, ob wir sie beachten. Sind wir achtsam, werden wir empfänglicher. Sind wir weniger achtsam, verpassen wir sie.

Wenn Letzteres passiert, dann ziehen sie wirklich an uns vorüber. Jeden Tag haben wir eine neue Gelegenheit, gewahr zu sein, doch ist es niemals dasselbe Gewahrsein.

Das Setting

Wir werden von unserer Umgebung beeinflusst, und jeder muss – auch abhängig von der konkreten Absicht – für sich selbst herausfinden, in welchem Umfeld er oder sie eine gute Verbindung herzustellen vermag.

Ein Wald, ein Kloster oder ein Segelboot mitten auf dem Meer sind großartige abgelegene Orte, an denen das Universum direkt mit uns kommunizieren kann.

Wollen wir dagegen an das kollektive Bewusstsein andocken, sollten wir lieber mitten im Geschehen sitzen, wo die Leute kommen und gehen, und die große Quelle gefiltert durch die Menschheit erfahren. Dieser Zugang aus zweiter Hand ist nicht weniger wirksam.

Etwas mehr Distanz könnte bedeuten, dass wir die Kultur selbst anzapfen, ständig Kunst, Unterhaltung, Nachrichten und Social Media konsumieren. Und dabei immer die Muster beachten, die das Universum uns liefert.

Es ist hilfreich, Kulturströmungen zu erkennen, ohne sich verpflichtet zu fühlen, ihrer Fließrichtung zu folgen.

Nimm sie stattdessen auf dieselbe verbundene, distanzierte Weise wahr, mit der du vielleicht einen warmen Wind beachten würdest. Lass dich von ihr bewegen, ohne mit ihr zu verschmelzen.

Was für den einen ein Ort der Verbindung ist, kann für die andere Ablenkung bedeuten. Zu unterschiedlichen Zeitpunkten des künstlerischen Prozesses können unterschiedliche Umgebungen passend sein. Von Andy Warhol heißt es, er habe bei laufendem Fernseher, Radio und Plattenspieler zugleich kreativ gearbeitet. Für Eminem ist beim Schreiben ein laufender Fernseher das bevorzugte Hintergrundrauschen. Marcel Proust polsterte seine Wände mit schalldämmendem Kork, schloss die Vorhänge und trug Ohrstöpsel. Auch Kafka ging in seinem Bedürfnis nach Stille bis zum Äußersten: »nicht wie ein Eremit«, sagte er einmal, sondern »wie ein toter Mann«. Es gibt keinen falschen Weg. Nur den eigenen.

Der feinen energetischen Information zu folgen, die das Universum durch die allgemeine Wirklichkeit hindurchsendet, ist nicht immer leicht, vor allem wenn deine Freunde, Familie, Kollegen oder sonstigen Leute, die ein wirtschaftliches Interesse an deiner Kreativität haben, scheinbar vernünftigen Rat bieten, der dein intuitives Wissen anficht. Ich bin bei meinen beruflichen Entscheidungen meiner Intuition gefolgt, so gut ich konnte, und wurde jedes Mal von anderen davor gewarnt. Das zeigt, dass es besser ist, dem Universum zu folgen als den Menschen, die dich umgeben.

Störungen können auch von den inneren Stimmen herrühren. Denen im Kopf, die dir zuflüstern, du oder deine Idee seien nicht gut genug, Kunst keine lohnenswerte Investition deiner Zeit, sicher werde das Ergebnis nicht gut aufgenommen, und wenn dein Werk keinen Erfolg habe, geltest du als Versager. Es ist besser, diese Stimmen auszublenden, damit du die Glockenschläge deiner kosmischen Uhr hören kannst, die dich daran erinnern, dass es für dich an der Zeit ist.

An der Zeit, teilzuhaben.

Selbstzweifel

In allen von uns lebt der Selbstzweifel. Und auch wenn wir ihn uns eher wegwünschen würden, ist er doch da, um uns zu dienen.

Fehler sind menschlich, und es ist gerade das Menschliche an der Kunst, was Letztere anziehend macht. Wären wir wie Maschinen, würde Kunst nicht nachschwingen. Sie wäre seelenlos. Mit dem Leben gehen Schmerz, Unsicherheit und Angst einher.

Wir sind alle verschieden und unvollkommen, und gerade die Unvollkommenheiten machen uns und unser Werk interessant. Wir schaffen Dinge, die widerspiegeln, wer wir sind, und wenn Unsicherheit ein Teil davon ist, dann wird unser Werk entsprechend ein größeres Maß an Wahrheit enthalten.

Kunst zu erschaffen ist kein kompetitiver Vorgang. Unser Werk steht stellvertretend für das Selbst. Es wäre verkehrt zu sagen: »Ich bin der Herausforderung nicht gewachsen.« Es kann sein, dass du dein Handwerk verfeinern musst, um deine Vision vollständig umzusetzen. Aber wenn du dem nicht gewachsen bist, wird niemand anders es tun können. Deine Stimme ist einzigartig.

Oft sind es die verletzlichsten Menschen, die sich für die Kunst entscheiden. Es gibt Sänger und Sängerinnen, die zu den weltbesten gehören und es nicht über sich bringen, sich ihre eigene Stimme anzuhören. Und das sind nicht etwa seltene Ausnahmen. Betroffen davon sind viele Künstler in unterschiedlichen Bereichen.

Die Sensibilität, die ihnen ermöglicht, Kunst zu schaffen, bringt eine Verletzlichkeit mit sich, die sie empfänglicher für Kritik macht. Trotzdem teilen viele ihre Arbeit weiterhin mit anderen und nehmen das Risiko von Kritik in Kauf. Es ist, als hätten sie keine andere Wahl. Sie sind durch und durch Künstler, die dank dieses Selbstausdrucks ganz werden.

Wird eine Schöpferin so kritikscheu, dass sie nicht mehr weitermachen kann, dann ist der Wunsch, die eigene Arbeit mit anderen zu teilen, vermutlich nicht so groß wie das Bedürfnis, sich zu schützen. Vielleicht ist Kunst nicht ihre Aufgabe. Ihre Veranlagung dient womöglich einem anderen Zweck. Dieser Weg ist nicht für jeden und jede geeignet. Widrigkeiten sind Teil des Prozesses.

Wir sind nicht verpflichtet, diesem Ruf zu folgen, bloß weil wir ein Talent oder eine bestimmte Fähigkeit besitzen. Wir sollten nicht vergessen, dass es ein Segen ist, etwas erschaffen zu dürfen. Es ist ein Privileg. Wir entscheiden uns dafür. Niemand zwingt uns, falls wir doch lieber davon absehen wollen.

Manche erfolgreichen Künstler sind zutiefst unsicher, sabotieren sich selbst, haben mit Süchten zu kämpfen oder werden anderweitig darin behindert, ein Werk zu erschaffen und anderen zugänglich zu machen. Ein ungesundes Selbstbild oder eine schwierige Lebenssituation kann tiefe Einsichten und Gefühle hervorbringen, aus denen die Künstlerin schöpfen und bedeutende Werke erschaffen kann. Es kann sie im Gegenteil aber auch über einen langen Zeitraum komplett in ihrer Schaffenskraft behindern.

Menschen, die sich ganz besonderen Herausforderungen stellen müssen, können im Allgemeinen nicht stets neue, kreative Arbeit leisten. Das liegt nicht etwa daran, dass sie künstlerisch unfähig wären. Es ist ihnen einfach nur ein- oder zweimal gelungen, ihre eigenen Probleme zu überwinden und ein großartiges Werk hervorzubringen.

Einer der Gründe, warum so viele große Künstler bereits in jungen Jahren an einer Überdosis sterben, ist darin zu sehen, dass sie Drogen nutzen, um das Leid in ihrem Leben auszublenden. Dieses Leiden am Leben – ihre außergewöhnliche Sensibilität – war der eigentliche Grund, weshalb sie überhaupt Künstler wurden.

Wenn du unglaubliche Schönheit oder unglaubliches Leid siehst, wo andere nur wenig oder gar nichts sehen, dann hast du es ständig mit intensiven Gefühlen zu tun. Diese Gefühle können verwirrend und überwältigend sein. Sieht deine Umgebung nicht, was du siehst, und spürt sie nicht, was du spürst, kann dies zu einem Gefühl der Isolation führen und generell dazu, dass du dich nicht zugehörig und fremd fühlst.

Diese aufgeladenen Emotionen, die ein Kunstwerk so kraftvoll im Ausdruck machen, sind dieselben dunklen Wolken, die nach Betäubung flehen, damit du Schlaf finden und morgens wieder aufstehen kannst, um dich dem Tag zu stellen. Sie sind ein Segen und ein Fluch.

Trau dich

Nun können emotionale Unterströmungen des Selbstzweifels der Kunst zwar dienen, sie können den kreativen Prozess aber auch stören. Der Beginn einer Arbeit, ihre Fertigstellung und das Teilen mit anderen sind Schlüsselmomente, in denen viele von uns stecken bleiben.

Wie kommen wir angesichts unserer Selbstnarrative trotzdem weiter?

Eine der besten Strategien besteht darin, unsere Arbeit nicht ganz so ernst zu nehmen.

Häufig denken wir, dass das, was wir machen, das Wichtigste in unserem Leben ist und dass es uns für alle Ewigkeit definieren wird. Wie wäre es, wenn wir mit der treffenderen Annahme begännen, dass es nur ein kleines Werk und ein Anfang ist? Unsere Aufgabe besteht darin, das eine Projekt zu vollenden, um uns dann dem nächsten widmen zu können. Dieses nächste ist wiederum ein Sprungbrett für die darauffolgende Arbeit. Und so geht es in produktivem Rhythmus die Gesamtheit unseres kreativen Lebens hindurch weiter.

Alle Kunst ist und bleibt unfertig. Es ist hilfreich, wenn wir das, woran wir gerade arbeiten, als einen Versuch betrachten, dessen Ergebnis wir nicht vorhersagen können. Wie auch immer dieses Ergebnis ausfallen mag, wir gewinnen nützliche Informationen, die dem nächsten Versuch zugutekommen werden.

Wenn wir aus einer Position starten, in der es weder Richtig noch Falsch, weder Gut noch Schlecht gibt und Kreativität einfach ein freies Spiel ohne Regeln sein darf, wird es leichter, uns mit Freude auf diesen Prozess einzulassen.

Wir spielen nicht, um zu gewinnen, sondern um zu spielen. Und letztendlich macht Spielen Spaß. Perfektionismus steht dem Spaß im Weg. Geschickter wäre es, ein Wohlgefühl bei der Arbeit zu entwickeln. Und mit Leichtigkeit ein Werk nach dem anderen zu erschaffen und herauszubringen.

Oscar Wilde hat einmal gesagt, manche Dinge seien zu wichtig, als dass man sie ernst nehmen könnte. Kunst gehört dazu. Wenn du die Messlatte vor allem für den Anfang niedrig setzt, um überhaupt in die Gänge zu kommen, dann bist du frei, um ungehindert zu spielen, zu forschen und zu testen, ohne dich auf ein bestimmtes Ergebnis zu fixieren.

Das ebnet nicht nur den Weg für hilfreichere Gedanken. Wenn wir so lange aktiv spielen und experimentieren, bis wir positiv überrascht sind, offenbart sich die bestmögliche Arbeit.

⊙

Unsicherheiten lassen sich auch dadurch überwinden, dass wir sie benennen. Einmal arbeitete ich mit einem Künstler, der von Zweifeln wie gelähmt war. Ich fragte ihn, ob er das buddhistische Konzept *papañca* kenne, das sich als *Überlast des Denkens* übersetzen lässt. Gemeint ist die Tendenz des Verstandes, auf unsere Erfahrungen mit einer Lawine von mentalem Geplapper zu reagieren.

Er antwortete: »Ich weiß genau, was das ist. Das bin ich.«

Da er jetzt einen Namen für das hatte, was ihn ausbremste, standen seine Zweifel nicht mehr im Vordergrund, er brauchte sie nicht mehr so ernst zu nehmen. Sobald sie auftauchten, nannten wir sie einfach *papañca*, nahmen sie zur Kenntnis und machten weiter.

Ein anderes Mal saß ich in einer Besprechung mit einer Künstlerin, die gerade ein sehr erfolgreiches Album herausgebracht, nun aber Angst vor dem Weitermachen hatte und lauter Gründe aufzählte, warum sie keine Musik mehr machen wollte. Es gibt immer gute Gründe aufzuhören.

»Das ist okay, du brauchst nie wieder Musik zu machen. Daran ist nichts auszusetzen. Hör einfach auf, wenn es dich nicht glücklich macht. Es ist deine Entscheidung.«

Kaum hatte ich das gesagt, verwandelte sich ihr Gesichtsausdruck, denn sie begriff, dass sie mit der musikalischen Arbeit glücklicher war als ohne.

Auch Dankbarkeit kann helfen. Wenn wir uns bewusst machen, dass wir das Glück haben, in einer Position zu sein, die es uns ermöglicht, Dinge zu erschaffen und manchmal auch für die Arbeit bezahlt zu werden, die wir lieben, kann sich das Gleichgewicht zugunsten der Arbeit verschieben.

Am Ende muss unser Wunsch, etwas zu erschaffen, größer sein als unsere Angst davor.

Selbst bei manchen von denen, die zu den Größten zählen, verschwindet diese Angst nie. So bekam zum Beispiel ein legendärer Sänger sein Lampenfieber nie in den Griff, obgleich er über fünf Jahrzehnte auf der Bühne stand. Vor lauter Panik wurde ihm jedes Mal richtig schlecht, dennoch trat er jeden Abend ins Rampenlicht und lieferte eine faszinierende Show. Nehmen wir unsere Selbstzweifel an und versuchen nicht, sie zu verdrängen oder zu unterdrücken, dann verringern wir ihren Einfluss und ihr Störpotenzial.

⊙

Es lohnt sich, den Unterschied zwischen Zweifeln an der Arbeit und Selbstzweifeln zu beachten. Ein Beispiel von Ersterem wäre: »Ich weiß nicht, ob mein Song so gut ist, wie er sein könnte.« Selbstzweifel klängen dann so: »Ich kann keinen guten Song schreiben.«

Diese Statements liegen Welten voneinander entfernt, sowohl in ihrem Wahrheitsgehalt wie auch in der Wirkung auf das Nervensystem. Selbstzweifel können zu einem Gefühl der Hoffnungslosigkeit führen, dazu, sich schlichtweg nicht in der Lage zu fühlen, die anstehende Aufgabe zu bewältigen. Dieses Alles-oder-nichts-Denken erstickt alle Kreativität im Keim.

Zweifel an der Qualität deiner Arbeit können dagegen zu einer Verbesserung beitragen. Du kannst dir deinen Weg zu etwas richtig Gutem auch zweifelnd erobern.

Hast du eine unvollkommene Version eines Werks, die du wirklich liebst, dann findest du die dann scheinbar vollkommene Variante vielleicht gar nicht mehr so beeindruckend. Das ist ein Zeichen, dass die unvollkommene Version die richtige war. Es geht nicht um Perfektion.

Durch die Rechtschreibprüfung am PC habe ich festgestellt, dass ich regelmäßig Wörter erfinde. Ich tippe ein Wort ein, und dann sagt mir der Computer, dass es nicht existiert. Da es aber nach dem klingt, was ich sagen will, entscheide ich manchmal trotzdem, es stehen zu lassen. Ich weiß, was es bedeutet, und vielleicht macht es den Sinn verständlicher, als wenn ich ein tatsächlich existierendes Wort verwenden würde.

Die Unvollkommenheiten, die wir gern beheben würden, erweisen sich mitunter als genau das, was ein Werk großartig macht. Und manchmal eben auch nicht. Selten wissen wir, was ausschlaggebend war. Das weiß keiner. Auch die überzeugendsten Gründe sind höchstens Theorien. Das *Warum* liegt jenseits unseres Verstehens.

Der Schiefe Turm von Pisa war ein architektonischer Fehler, den die Erbauer in ihrem Versuch, ihn auszumerzen, noch zusätzlich verstärkten. Heute, Hunderte Jahre später, ist er gerade wegen dieses Fehlers eines der meistbesuchten Gebäude der Welt.

In der japanischen Keramik gibt es eine kunstvolle Reparaturmethode, die sich *Kintsugi* nennt. Wenn eine Keramik zerbricht, akzentuiert man den Fehler, indem man den Riss mit Gold auffüllt. So stellt man eine Goldader her und lenkt die Aufmerksamkeit ganz wundersam auf die zerbrochenen Stellen. Dieser Makel mindert das Werk jedoch nicht, er wird zu einem Blickpunkt, einem sowohl physisch wie ästhetisch starken Ausdruck. Zudem erzählt die Narbe die Geschichte der Keramik, sie berichtet von ihrer vorherigen Erfahrung.

Dieselbe Technik können wir auch auf uns anwenden, indem wir unsere Unvollkommenheiten annehmen. Egal, welche Unsicherheiten uns begleiten, wir können sie als leitende Kraft für unsere Kreativität nutzen. Sie werden nur dann zu einem Hindernis, wenn wir ihretwegen das, was uns am meisten am Herzen liegt, nicht mit anderen teilen können.

Kunst schafft eine tiefe Verbindung
zwischen Künstler und Publikum.
Dank dieser Verbindung
können beide heilen.

Ablenkung

Eines der besten Werkzeuge für einen Künstler ist die Ablenkung, sofern er sie geschickt nutzt. In manchen Fällen ist sie sogar unverzichtbar. Beim Meditieren beruhigt sich der Geist, und schon kann die innere Weite von einer Sorge oder einem Zufallsgedanken besetzt werden. Deshalb lehren viele Meditationsschulen ihre Schüler, ein Mantra zu verwenden. Ein automatischer, ständig wiederholter Satz lässt dem Geist nur wenig Raum für Gedanken, die uns aus dem gegenwärtigen Augenblick herausziehen.

Das Mantra ist dann gewissermaßen die Ablenkung. Und während uns bestimmte Ablenkungen vom gegenwärtigen Augenblick wegziehen können, halten andere unser Bewusstsein so beschäftigt, dass das Unbewusste aktiviert wird und für uns arbeiten kann. Komboloi, Rosenkranz und Mala haben dieselbe Funktion.

Wenn wir im kreativen Prozess an einen toten Punkt gelangen, kann es hilfreich sein, einen Schritt zurückzutreten, um Raum für eine Lösung zu schaffen.

Statt unsere Gedanken ständig nur um das Problem kreisen zu lassen, könnten wir es im Hinterkopf behalten, während wir uns einer einfachen Aufgabe widmen, die gar nichts damit zu tun hat. Zum Beispiel Auto fahren, spazieren gehen, schwimmen, duschen, Geschirr spülen, tanzen oder sonstigen Aktivitäten nachgehen, für die wir keine aktive Aufmerksamkeit benötigen. Mitunter kann eine körperliche Tätigkeit neue Ideen hervorbringen.

Manchen Musikerinnen fallen beim Autofahren bessere Melodien ein, als wenn sie in einem Zimmer vor laufendem Aufnahmegerät sitzen. Solcherlei Ablenkungen beschäftigen einen Teil des Gehirns und schenken dem Rest die Freiheit, alles zu empfangen, was sich manifestieren möchte. Vielleicht ermöglicht uns dieser Prozess des *nicht denkenden Denkens* Zugang zu einem anderen Teil unseres Gehirns. Zu einem, der auch einmal vom direkten Weg abschweift.

Ablenkung ist kein Aufschieben, das systematisch unsere Fähigkeit unterminiert, Dinge zu tun. Ablenkung ist eine Strategie im Dienst des Werks.

Manchmal ist Loslassen
das beste Mittel, um dranzubleiben.

Zusammenspiel

Nichts fängt bei uns an.

Je achtsamer wir sind, desto mehr erkennen wir, dass alles, was wir erschaffen, in einem Zusammenspiel geschieht.

Es ist ein Zusammenspiel mit der Kunst, die vor uns da war und die nach uns kommen wird. Und ebenso mit der Welt, in der wir leben. Mit unseren Erfahrungen. Mit dem Werkzeug, das wir verwenden. Mit dem Publikum. Und damit, wer wir heute sind.

Das »Selbst« hat viele individuelle Aspekte. Es ist durchaus möglich, etwas zu erschaffen und zu lieben, bei der Betrachtung am nächsten Tag aber ganz anders zu empfinden. Ein inspiriert-künstlerischer Aspekt deines Selbst kann im Konflikt mit dem handwerklichen Aspekt stehen und enttäuscht sein, dass der Handwerker in dir unfähig ist, der Vision der inspirierten Künstlerin Ausdruck zu verleihen. Das ist bei schöpferisch Tätigen ein häufiger Konflikt, da sich ein abstrakter Gedanke nicht direkt in der materiellen Welt umsetzen lässt. Das Werk ist stets eine Interpretation.

Die Künstlerin hat viele verschiedene Rollen inne, und die Kreativität besteht aus dem inneren Gespräch zwischen diesen unterschiedlichen Teilen des Selbst. Sie verhandeln so lange miteinander, bis sie das bestmögliche gemeinsame Werk hergestellt haben.

Auch das Werk selbst hat viele verschiedene Seiten. Du stellst etwas her und meinst, genau zu wissen, was es ist. Dann kommen andere damit in Berührung, die ebenfalls zu wissen glauben, was es ist, und doch kann das, was du siehst, sich komplett von dem unterscheiden, was sie sehen. Besonders interessant daran ist, dass nicht einer von beiden recht hat. Beide haben recht.

Das ist kein Grund zu Besorgnis. Ist die Künstlerin glücklich über das Werk, das sie erschaffen hat, und der Betrachter belebt von dem Werk, das auf ihn wirkt, spielt es keine Rolle, ob sie es auf dieselbe Weise sehen. Tatsächlich ist es unmöglich, dass jemand deine Arbeit genauso erlebt wie du oder andere.

Vielleicht haben wir eine ganz bestimmte Vorstellung davon, was ein Stück bedeutet und wie es funktioniert oder warum es uns anspricht – während jemand anders es aus einem völlig anderen Grund mag oder ablehnt.

Sinn und Zweck des Werks ist es, zunächst etwas in uns zu erwecken und dann zu ermöglichen, dass dies auch bei anderen geschieht, selbst wenn es sich um etwas völlig anderes handelt. Wir hoffen einfach, dass andere die von uns erlebte Kraft ebenso intensiv wahrnehmen.

Manchmal ist der Künstler auch gar nicht selbst der Hersteller seines Werks. Marcel Duchamp fand Alltagsgegenstände – eine Schneeschaufel, ein »Fahrrad-Rad«, ein Pissoir – und beschloss einfach, dass sie Kunst waren. Er nannte sie Readymades. Ein Bild ist nur ein Bild, bis du es rahmst und an eine Wand hängst – dann nennt es sich Kunst.

Was für Kunst gehalten wird, ist eine Übereinkunft. Und nichts davon ist wahr.

Wahr hingegen ist, dass du nie allein bist, wenn du Kunst machst. Du stehst in ständigem Dialog mit dem, was ist und was war, und je tiefer du dich auf dieses Gespräch einstimmen kannst, desto nützlicher bist du der Arbeit, die vor dir liegt.

Intention

In Kalkutta ging ein alter Mann täglich zum Brunnen, um Wasser zu holen. Er hatte einen Tonkrug bei sich und ließ ihn per Hand langsam und vorsichtig, damit er nicht an den Seiten anschlug und zerbrach, bis ganz nach unten herab.

War er gefüllt, zog er den Krug ebenso langsam und vorsichtig wieder nach oben. Es war ein konzentrierter, zeitaufwendiger Vorgang.

Eines Tages bemerkte ein Reisender den in die schwierige Aufgabe vertieften alten Mann. Da er sich gut mit Mechanik auskannte, zeigte er dem alten Mann, wie ein Flaschenzugsystem funktioniert.

»Auf diese Weise kann der Krug sehr schnell herabgelassen, mit Wasser gefüllt und wieder hochgezogen werden, ohne an den Seiten anzuschlagen«, erklärte der Reisende. »Das geht viel leichter, und der Krug wird mit viel weniger Arbeit ebenso gefüllt sein.«

Der alte Mann sah ihn an und sagte: »Ich glaube, ich

werde es weiter so halten wie bisher. Ich muss wirklich über jeden Handgriff nachdenken und viel Sorgfalt aufbringen, um es richtig zu machen. Vermutlich wäre es einfacher, den Flaschenzug zu verwenden. Vielleicht würde ich sogar anfangen, dabei an anderes zu denken. Aber wie würde das Wasser schmecken, wenn ich ihm so wenig Sorgfalt und Zeit widmen würde? Es wäre mit Sicherheit nicht mehr so köstlich wie jetzt.«

Unsere Gedanken, Gefühle, Prozesse und unbewussten Überzeugungen tragen eine Energie, die im Werk verborgen ist. Diese unsichtbare, nicht messbare Dynamik schenkt jedem Werk seine Anziehungskraft. Ein vollendetes Projekt besteht nur aus unserer Intention und den Experimenten, die wir damit gemacht haben. Nimmst du die Intention weg, bleibt nichts als eine schöne Hülle übrig.

Auch wenn der Künstler eine Reihe von Zielen und Motivationen haben mag, gibt es doch nur eine Intention. Sie ist die große Geste des Werks.

Dabei geht es nicht um eine Denkübung, ein zu setzendes Ziel oder ein Mittel zur Kommerzialisierung. Es ist eine Wahrheit, die in uns lebt. Dadurch, dass wir sie leben, ist sie auch in das Werk eingebettet. Wie könnte es energetisch geladen sein, wenn es nicht darstellen würde, wer wir sind und was wir leben?

Eine Intention ist mehr als ein bewusstes Ziel, sie ist die Übereinstimmung mit diesem. Sie erfordert die gemeinsame Ausrichtung aller Aspekte des Selbst. Des bewussten Denkens und der unbewussten Überzeugungen, der Fähigkeiten und des Engagements, des Handelns bei der Arbeit und jenseits davon. Es geht um ein Leben in Harmonie und Einvernehmen mit sich selbst.

Nicht alle Projekte brauchen Zeit, aber sie brauchen ein Leben lang. Bei der Kalligrafie wird das Werk in einer einzigen Pinselbewegung geschaffen. Alle Intention konzentriert sich auf diese einzige Bewegung. Der Strich bildet die Energieübertragung vom Sein des Künstlers – einschließlich der gesamten Geschichte seiner Erfahrungen, Gedanken und Ängste – in die Hand ab. Die kreative Energie steckt in dem gesamten Weg, der zum Tun führt, nicht im konkreten Schaffensvorgang.

⊙

Unser Werk verkörpert ein höheres Ziel. Ob wir uns dessen bewusst sind oder nicht, wir dienen dem Universum als Kanal. Material darf uns durchfließen. Sind wir ein reiner Kanal, spiegelt unsere Intention die des Kosmos wider.

Die meisten schöpferisch Tätigen sehen sich als Dirigierende eines Orchesters. Zoomen wir uns aus unserer kleinen Sicht der Wirklichkeit heraus, funktionieren wir jedoch mehr wie Instrumentalisten in einer viel größeren Symphonie, die vom Universum orchestriert ist.

Womöglich haben wir kein besonderes Verständnis von diesem Opus magnum, da wir nur den kleinen Part sehen, den wir selbst spielen.

Die Biene wird vom Duft einer Blume angezogen und lässt sich auf ihr, dann auf der nächsten nieder und ermöglicht so unbemerkt deren Fortpflanzung. Sollte die Biene aussterben, würden voraussichtlich nicht nur die Blumen, sondern auch die Vögel, kleinen Säugetiere und Menschen aussterben. Wir können davon ausgehen, dass die Biene nicht weiß, welche Rolle sie in diesem Gesamtzusammenhang spielt und wie sie für das Gleichgewicht in der Natur sorgt. Die Biene ist einfach nur da.

Ähnlich bildet die gesamte menschliche Kreativität in ihrer kaleidoskopischen Breite das Gewebe, das unsere Kultur formt. Die tiefer liegende Intention unseres Werks ist der Aspekt, der es ihm erlaubt, sich gut in dieses Gewebe einzufügen. Wenn überhaupt, kennen wir nur selten die große Intention, doch überlassen wir uns dem kreativen Impuls, erhält unser einzigartiger Beitrag die passende Form.

Es gibt nichts anderes als die Intention. Das Werk ist nur ein Hinweis darauf.

Regeln

Jedes Leitprinzip oder kreative Kriterium, das sich in der Künstlerin selbst, im Genre oder in der Kultur findet, kann eine Regel darstellen. Regeln sind naturgemäß Begrenzungen.

Die Gesetze der Mathematik und Wissenschaft sind etwas anderes als die Regeln, die wir uns hier ansehen wollen. Diese Gesetze beschreiben präzise Beziehungen in der physischen Welt, deren Wahrheitsgehalt wir ebendort nachprüfen.

Die Regeln, die Künstler lernen, sind anders. Hier handelt es sich um Annahmen, keine Unbedingtheiten. Sie beschreiben ein Ziel oder eine Methode, um kurz- oder langfristig Ergebnisse zu erzielen. Sie sind dazu da, getestet zu werden. Und nur zweckdienlich, solange sie hilfreich sind. Es sind keine Naturgesetze.

Alle Arten von Annahmen tarnen sich als Gesetze: ein Vorschlag aus einem Selbsthilfebuch, ein Wortfetzen aus einem Interview, der beste Tipp deiner Lieblingskünstlerin, eine kulturelle Ausdrucksform oder etwas, das uns einmal ein Lehrer gesagt hat.

Regeln bringen uns dazu, uns durchschnittlich zu verhalten. Wollen wir Außergewöhnliches erschaffen, sind die meisten Regeln unpassend. Durchschnitt ist nichts Erstrebenswertes.

Ziel ist es nicht, sich anzupassen. Wenn überhaupt, geht es darum, die Abweichungen, das, was nicht passt, die speziellen, einzigartigen Merkmale der eigenen Weltsicht zu verstärken.

Versuch nicht, wie andere zu klingen, schätze lieber deine eigene Stimme. Entwickle sie. Pflege sie.

Sobald sich eine Konvention etabliert hat, wäre das interessanteste Werk vermutlich eines, das sich nicht an sie hält. Bei der Kunst geht es darum, innovativ zu sein und sich selbst auszudrücken, anderen die eigene einzigartige Sichtweise und Neues mitzuteilen sowie sich selbst zu zeigen.

⊙

Druck und Erwartungen kommen aus verschiedenen Richtungen. Gesellschaftliche Gepflogenheiten diktieren, was richtig ist und was falsch, was anerkannt ist und was verpönt, was gefeiert wird und was geschmäht.

In jeder Generation sind in der Regel diejenigen Künstler bestimmend, die jenseits dieser Begrenzungen leben und nicht etwa die Überzeugungen und Konventionen ihrer Zeit verkörpern, sondern sie transzendieren. Kunst bedeutet Konfrontation. Sie erweitert die Wirklichkeit des Publikums und ermöglicht ihm, das Leben durch ein neues Fenster zu betrachten. Durch eines, das Potenzial für eine neue großartige Aussicht bietet.

Anfangs nähern wir uns unserer Kunst auf der Grundlage dessen, was bereits existiert. Schreibst du einen Song, denkst du vielleicht, dass er drei bis fünf Minuten lang sein und ein gewisses Maß an Wiederholungen haben sollte.

Für einen Vogel ist ein Lied etwas ganz anderes. Der Vogel bevorzugt kein Drei-bis-fünf-Minuten-Format, er nimmt auch nicht den Refrain als Aufhänger, und doch ist das Lied für den Vogel ebenso klangvoll. Und es spiegelt noch mehr sein Wesen wider. Es ist eine Einladung, eine Warnung, eine Art, sich zu verbinden, ein Mittel zum Überleben.

Es ist eine gesunde Übung, mit so wenig allgemein anerkannten Regeln, Ansatzpunkten und Begrenzungen wie möglich an die Arbeit zu gehen. Häufig sind die Standards in dem von uns gewählten Fach so allgegenwärtig, dass wir sie als selbstverständlich voraussetzen. Sie sind so unsichtbar und unhinterfragt, dass es fast unmöglich ist, jenseits des Standard-Paradigmas zu denken.

Geh in ein Kunstmuseum. Die meisten Bilder, die du dort zu sehen bekommst, sind auf Leinwand gemalt und auf einen rechteckigen Holzrahmen gespannt. Egal, ob Jacques-Louis Davids »Der Tod des Sokrates« oder die Altarbilder von Hilma af Klint – die Materialien bleiben dieselben, auch wenn der Inhalt variiert. Es gibt einen allgemein anerkannten Standard.

Wenn du malen willst, wirst du wahrscheinlich zunächst Leinwand auf einen rechteckigen Holzrahmen spannen und das Ganze auf eine Staffelei stellen. Allein durch die gewählten Werkzeuge hast du, noch bevor ein einziger Tropfen Farbe die Leinwand berührt hat, deine Möglichkeiten stark eingeschränkt.

Wir gehen davon aus, dass Ausstattung und Format Teil der Kunstform sind. Dabei kann Malerei alles sein, was die Verwendung von Farbe auf einer Oberfläche zu einem ästhetischen oder kommunikativen Zweck umfasst. Alle weiteren Entscheidungen bleiben der Künstlerin überlassen.

Entsprechende Konventionen sind in die meisten Kunstformen eingewoben: Ein Buch hat eine gewisse Anzahl Seiten und ist in Kapitel unterteilt. Ein Spielfilm ist 90 bis 120 Minuten lang und besteht häufig aus drei Akten. In jedes Medium ist eine Reihe von Regeln eingebettet, die unsere Arbeit einschränken, bevor wir überhaupt damit angefangen haben.

Vor allem Genres sind mit eindeutigen Regelvariationen versehen. Ein Horrorfilm, ein Ballett oder ein Countryalbum – jedes für sich weckt bestimmte Erwartungen. Sobald du ein Etikett verwendest, um zu beschreiben, woran du arbeitest, ist die Versuchung da, es den jeweiligen Regeln anzupassen.

Die Vorlagen der Vergangenheit können in den Anfangsphasen inspirierend wirken, aber es ist hilfreich, über das bereits Vorhandene hinauszudenken. Die Welt will nicht noch mehr von ein und demselben.

Häufig stammen die innovativsten Ideen von denen, die die Regeln so gut beherrschen, dass sie sehen können, was dahinterliegt, oder von denen, die sie überhaupt nie gelernt haben.

⊙

Die trügerischsten Regeln sind nicht die offensichtlichen, sondern die unsichtbaren. Diese befinden sich, häufig gänzlich unbemerkt, in den tieferen Schichten unseres Bewusstseins. Regeln, die sich durch Programmierungen in der Kindheit in unser Denken geschlichen haben, durch Lektionen, die wir vergessen haben, durch Kulturosmose und Nachahmung der Künstler, die uns inspiriert haben, es auch selbst auszuprobieren.

Diese Regeln können uns weiterbringen, aber auch einschränken. Sei dir aller Mutmaßungen gewahr, die auf konventioneller Weisheit basieren.

Unbewusst befolgte Regeln wirken viel stärker als eigens gesetzte. Und sie torpedieren die Arbeit am ehesten.

⊙

Jede Innovation birgt das Risiko, zur Regel zu werden. Und zum Selbstzweck.

Wenn wir eine Entdeckung machen, die unserem Werk dient, neigen wir dazu, sie zu konkretisieren und in einer Formel zusammenzufassen. Und gelegentlich beschließen wir, dass diese Formel genau dem entspricht, was wir als Künstlerin sind. Dass sie festlegt, was unser authentischer Ausdruck ist und was nicht.

Manchen mag dies in ihrem Schaffen nützen, andere schränkt es ein. Mitunter verringert eine Formel das Ergebnis. In anderen Fällen erkennen wir nicht, dass sie nur einen kleinen Teil dessen ausmacht, was dem Werk seine Wirkung verleiht.

Am besten hinterfragst du immer wieder den eigenen Prozess. Hast du durch die Verwendung eines bestimmten Stils, einer Methode oder Arbeitsbedingung ein gutes Ergebnis erzielt, solltest du nicht davon ausgehen, dass dies der beste Weg ist. Oder dein Weg. Oder der einzige Weg. Mach dir nichts zum Dogma. Vielleicht gibt es noch andere Strategien, die ebenso gut funktionieren und dir neue Möglichkeiten, Richtungen und Chancen bieten.

Das ist zwar nicht immer der Fall, ausschließen solltest du es aber nicht.

⊙

Regeln als etwas zu betrachten, das man brechen kann, ist ein gesunder künstlerischer Standpunkt. Es lockert die Zwänge, die eine vorhersehbare Gleichförmigkeit in unseren Arbeitsmethoden fördern.

Im Verlauf deiner Karriere könnte sich eine Konstanz entwickeln, die mit der Zeit womöglich langweilig wird. Deine Arbeit fühlt sich dann eher wie ein Job oder eine Pflicht an. Kann es sein, dass du die ganze Zeit mit ein und derselben Farbpalette gearbeitet hast?

Starte dein nächstes Projekt ohne diese Palette. Die daraus resultierende Ungewissheit kann dir deine Arbeit spannender machen und zugleich Angst einjagen. Hast du dann erst einmal ein neues System gefunden, lass ruhig einige Elemente aus deiner alten Vorgehensweise ihren Weg zurück in deine Arbeit finden.

Vergiss nicht, dass du das, was du inzwischen gelernt hast, nicht verlierst, nur weil du deine alten Leitlinien verwirfst. Solch hart erarbeitete Fertigkeiten überdauern alle Regeln. Sie gehören zu dir und bleiben dir erhalten. Stell dir vor, was entstehen kann, wenn du deine gesammelte Expertise mit einem komplett neuen Set an Materialien und Richtlinien überziehst.

Beim Ablegen vertrauter Regeln begegnen dir womöglich auch welche, die verborgen waren, dich aber unbewusst die ganze Zeit geleitet haben. Sobald du sie erkannt hast, kannst du sie loslassen oder bewusster nutzen.

Jede Regel, egal, ob bewusst oder unbewusst angewendet, verdient es, überprüft zu werden. Hinterfrage deine Annahmen und Methoden. Vielleicht findest du einen besseren Weg. Und selbst wenn nicht, wirst du aus der Erfahrung lernen. Jeder dieser Versuche ist ein Freiwurf. Du hast nichts zu verlieren.

Hüte dich vor der Annahme,
deine Arbeitsweise
wäre die beste,
bloß weil
du immer schon so gearbeitet hast.

Das Gegenteil ist wahr

Ob es dein Tun als Künstlerin betrifft …

ob es deine ureigene Stimme ist …

ob es die Materialien sind, die du für deine Arbeit benötigst … –

überall da, wo von dir akzeptierte Regeln im Spiel sind, würde es sich lohnen, das Gegenteil zu versuchen.

Bist du zum Beispiel Bildhauer, könntest du mit der Vorstellung anfangen, dass das, was du machst, in der materiellen Welt existieren muss. Das wäre eine Regel.

Um das Gegenteil zu erforschen, könntest du dir überlegen, wie eine Skulptur auch als nicht physisches Objekt existieren kann. Vielleicht wäre dein bestes Werk ein rein digital oder konzeptuell, ohne massiven Fußabdruck entworfenes. Und auch wenn es nicht so gut wird, führt dich der gedankliche Prozess zu etwas ganz Neuem und Faszinierendem.

Erachte Regeln immer als Ungleichgewicht. Dunkelheit und Licht haben nur in Beziehung zueinander eine

Bedeutung. Das eine würde ohne das andere nicht existieren. Wie Yin und Yang sind sie ein aufeinander abgestimmtes, dynamisches System.

Untersuche deine Methoden und überlege dir, wie der jeweilige entgegengesetzte Ansatz aussähe. Was wäre das Gegengewicht auf der Waage? Das Licht zu deinem Dunkel oder das Dunkel zu deinem Licht? Es ist nichts Ungewöhnliches für eine Künstlerin, sich nur auf die eine Waagschale zu fokussieren. Selbst wenn wir letztlich auf der anderen Seite nichts erschaffen wollen, kann ein Verständnis für diese Polarität unsere Entscheidungen beeinflussen.

Eine andere Strategie könnte darin bestehen, etwa die Schattierungen, an denen du gerade arbeitest, extrem hervorzuheben.

Erst durch das Experimentieren mit dem Ungleichgewicht entdeckst du, wo genau du aktuell stehst. Und sobald du das weißt, kannst du auf der Suche nach einem Gleichgewicht entweder die eine oder die andere Seite verstärken.

Prüfe bei jeder von dir befolgten Regel, ob das Gegenteil ähnlich interessant sein könnte. Nicht unbedingt besser, einfach nur anders. Oder probiere das Gegenteil oder Extrem dessen aus, was dir auf diesen Seiten vorgeschlagen wird – es wird vermutlich ebenso fruchtbar sein.

Zuhören

Beim Zuhören gibt es nur das Jetzt. In der buddhistischen Praxis gehört es zum Ritual, eine Glocke anzuschlagen. Ihr Klang ist wie ein Weckruf, er fordert die Teilnehmenden auf, unmittelbar in den gegenwärtigen Augenblick zurückzukehren.

Während man Augen und Mund verschließen kann, hat das Ohr keinen Schutz, es nimmt alles auf. Es empfängt, kann aber selbst nichts aussenden.

Das Ohr nimmt die Welt einfach wahr.

Beim Hören dringen die Klänge eigenständig in unser Ohr vor. Häufig sind wir uns ihrer gar nicht in ihrem vollen Umfang oder in allen Einzelheiten bewusst.

Zuhören bedeutet, diese Klänge zu beachten, mit ihnen präsent und verbunden zu sein. Zugleich wäre es falsch zu sagen, dass wir mit den Ohren oder dem Verstand zuhören. Denn wir tun es mit dem ganzen Körper, mit unserem ganzen Sein.

Die Schwingungen füllen den Raum um uns, Klangwellen treffen auf den Körper, sie beschreiben die räumliche Wahrnehmung und rufen Reaktionen in unserem Körper hervor – all das ist Teil des Zuhörens. Bestimmte Bässe sind nicht über das Ohr, sondern nur über den Körper wahrnehmbar.

Wir merken den Unterschied, wenn wir uns Musik über Kopfhörer, statt über Lautsprecher anhören.

Kopfhörer erschaffen eine Illusion, unsere Sinne meinen, wir würden alles hören, was die Musik zu bieten hat. Viele Künstlerinnen weigern sich, im Studio Kopfhörer zu tragen, weil sie nur einen dürftigen Abklatsch der realen Hörerfahrung bieten. Über Lautsprecher sind wir dem Klang der Instrumente im Raum näher – wir tauchen physisch in ein volles Klangspektrum von Schwingungen ein.

Viele von uns nehmen das Leben wie durch ein Kopfhörerset wahr. Wir berauben uns des vollen Registers, hören zwar Informationen, aber die feineren, im Körper spürbaren Schwingungen entgehen uns.

Wenn du übst, mit dem ganzen Selbst zuzuhören, erweiterst du den Spielraum deines Bewusstseins, nimmst viel mehr Informationen auf und entdeckst mehr Material, das deine künstlerischen Gewohnheiten bereichert.

Schließe ruhig die Augen, wenn du Musik hörst. Dann kannst du ganz in die Erfahrung eintauchen. Am Ende des Stücks bist du vielleicht überrascht, wohin es dich befördert hat: in eine andere Welt, dorthin, wo die Musik lebt.

Kommunikation bewegt sich in zwei Richtungen, auch dann, wenn nur eine Person spricht und die andere still zuhört.

Ist die Zuhörerin total präsent, kommuniziert auch der Sprecher anders. Da wir es meist gar nicht gewöhnt sind, wirklich gehört zu werden, könnte das durchaus irritieren.

Manchmal blocken wir den uns angebotenen Informationsfluss ab und behindern so ein echtes Zuhören. Womöglich schaltet sich unser innerer Kritiker ein und vermerkt, womit wir einverstanden sind und womit nicht, was wir mögen und was nicht. Und schon suchen wir nach Gründen, um die Sprecherin infrage zu stellen oder ihr etwas entgegenzuhalten.

Sobald wir eine Meinung formulieren, hören wir nicht mehr zu. Das tun wir ebenso wenig, wenn wir bereits eine Antwort parat haben, unsere Position verteidigen oder die unseres Gegenübers angreifen. Ungeduldig zuhören bedeutet gar nichts hören.

Zuhören heißt, die Skepsis aufzuheben.

Dann sind wir ganz offen. Aufmerksam ohne vorgefasste Meinung. Unser einziges Ziel besteht darin, klar und in vollem Umfang zu verstehen, was vermittelt wird, komplett präsent zu sein für das, was ausgedrückt wird – und es so zuzulassen, wie es ist.

Alles andere schadet nicht nur dem Sprecher, sondern auch dir selbst. Wenn du gleichzeitig im Kopf eine Geschichte erfindest oder verteidigst, verpasst du Informationen, die dein gegenwärtiges Denken verändern könnten.

Überwinden wir unseren Reaktionsreflex, dann entdecken wir vielleicht noch etwas zwischen den Zeilen, das auf uns ausstrahlt oder unser Verständnis fördert. Die neue Information bestärkt uns in einer Idee, verändert sie leicht oder stellt sie gar völlig auf den Kopf.

Durch vorurteilsfreies Zuhören wachsen und lernen wir als Mensch. Meist gibt es keine richtigen Antworten, sondern nur unterschiedliche Sichtweisen. Je mehr Sichtweisen wir einzunehmen lernen, desto mehr verstehen wir. Unser Filter nähert sich langsam dem an, was wahrhaft da ist, sodass wir nicht mehr nur einen winzigen Teil der Wirklichkeit sehen, den wir durch unsere Vorurteile verdrehen.

Egal, welche Art Kunst du machst, Zuhören eröffnet Möglichkeiten. Es erlaubt dir, eine größere Welt zu sehen. Viele unserer Überzeugungen haben wir übernommen, bevor wir selbst darüber entscheiden konnten. Manche bestehen bereits seit Generationen und sind heute nicht mehr zeitgemäß. Andere waren es vielleicht nie.

Zuhören bedeutet daher nicht nur Gewahrsein. Sondern Freisein von gewohnter Begrenztheit.

Geduld

Es gibt keine Abkürzungen.

Ein Lotteriegewinner ist nach seiner plötzlichen Schicksalswende nicht unbedingt glücklich. Ein übereilt gebautes Haus übersteht nur selten den ersten Sturm. Die Zusammenfassung eines Buches oder einer Nachrichtenmeldung in einem einzigen Satz ersetzt nicht die ganze Geschichte.

Häufig nehmen wir Abkürzungen, ohne es zu wissen. Während wir zuhören, springen wir bereits in die Zukunft und verallgemeinern die Gesamtbotschaft der Sprecherin. Dabei entgehen uns die Nuancen oder gar die gesamte Aussage. Mit dieser Abkürzung glauben wir nicht nur, Zeit zu sparen, sondern wir vermeiden auch das Unbehagen, das aus dem Hinterfragen unserer gewohnten Ansichten entstünde, während unsere Weltsicht gleichzeitig immer mehr zusammenschrumpft.

Die Künstlerin arbeitet aktiv daran, das Leben langsam zu erfahren und dann ein und dieselbe Sache wieder ganz neu zu erleben. Langsam zu lesen und immer wieder noch einmal zu lesen.

So lese ich zum Beispiel einen Absatz, der einen Gedanken in mir wachruft. Und während ich meinen Blick im physischen Akt des Lesens gemächlich die Seite hinunterwandern lasse, ist mein Geist vielleicht noch immer in den vorhergehenden Gedanken vertieft. Ich nehme keine Informationen mehr auf. Sobald ich das merke, kehre ich zu dem letzten Absatz zurück, an den ich mich erinnere, und fange von dort noch einmal an. Manchmal muss ich drei oder vier Seiten zurückblättern.

Auch wenn ich einen Absatz oder eine Seite schon gut verstanden habe, kann ein erneutes Lesen eine Offenbarung sein. Neue Bedeutungen, ein tieferes Verstehen, Inspirationen und Nuancen zeigen sich und rücken ins Blickfeld.

Lesen kann wie Zuhören, Essen und die meisten sonstigen körperlichen Aktivitäten ähnlich dem Autofahren erlebt werden: Entweder wir tun es automatisch oder aber mit fokussierter Absicht. Häufig genug schlafwandeln wir nur durchs Leben. Überleg mal, wie anders du die Welt erfahren könntest, wenn du jeder Aktivität die Aufmerksamkeit widmen würdest, die du für eine Flugzeuglandung aufbringen müsstest.

Es gibt Leute, die den sich täglich bietenden Chancen begegnen, als müssten sie sie von einer To-do-Liste streichen, statt sich wirklich ganz und gar einzubringen.

Unser ständiges Bemühen um Effektivität hält uns von einem tieferen Hinsehen ab. Der Druck zu liefern beraubt uns der Zeit, alle Möglichkeiten in Betracht zu ziehen. Dabei gewinnen wir die tieferen Einsichten gerade durch bedächtiges Tun und Wiederholung.

⊙

Für eine differenzierte Entwicklung unserer Kunstfertigkeit brauchen wir Geduld.

Um Informationen möglichst gewissenhaft
aufzunehmen, brauchen wir Geduld.

Um ein Werk herzustellen, das schwingt
und alles enthält,
was wir zu bieten haben, brauchen wir Geduld.

Wenn sich der Künstler regelmäßig dieser erlernbaren Gewohnheit widmet, profitiert jede seiner Arbeits- und Lebensphasen davon.

Geduld entwickelt sich ganz ähnlich wie das Gewahrsein: durch die Akzeptanz dessen, was ist. Ungeduld heißt, dass wir mit der Wirklichkeit uneins sind. Dass wir uns wünschen, etwas wäre anders, als wir es im Hier und Jetzt erleben. Dass die Zeit schneller vergehen, der morgige Tag früher da sein soll, dass wir das Gestern noch mal erleben oder aber ganz woanders sein wollen.

Zeit ist etwas, über das wir keine Kontrolle haben. Daher fängt Geduld damit an, dass wir die natürlichen

Rhythmen akzeptieren. Wir meinen, durch Ungeduld, Hetze und Nichtbeachten dieser Rhythmen würden wir Zeit sparen. Paradoxerweise kostet das am Ende nur umso mehr Zeit und Energie. Es ist vergeudete Mühe.

Im kreativen Prozess bedeutet Geduld, zu akzeptieren, dass sich der Großteil unserer Arbeit unserer Kontrolle entzieht. Wir können Großartigkeit nicht erzwingen. Wir können sie nur einladen und aktiv auf sie warten. Nicht ängstlich, denn das könnte sie in die Flucht schlagen. Einfach, indem wir sie stetig willkommen heißen.

Nehmen wir die Zeit aus der Gleichung für die Entwicklung einer Arbeit heraus, bleibt nur die Geduld. Nicht nur für die Entwicklung der Arbeit, sondern auch für die Entwicklung des Künstlers insgesamt. Selbst Meisterwerke, die in einem engen Zeitfenster entstehen, sind die Summe von jahrzehntelanger geduldiger Arbeit an anderen Werken.

Es gibt eine Regel im kreativen Bereich, die wichtiger ist als jede andere und nicht übergangen werden sollte: Der Bedarf an Geduld ist allgegenwärtig.

Anfängergeist

Vor etwa 3000 Jahren wurde in China das Strategiebrettspiel Go entwickelt. Manche glauben, Kriegsherren und Generäle hätten es mit den Steinen erfunden, mit deren Hilfe sie auf Landkarten den jeweiligen Schlachtplan bestimmten. Es ist nicht nur das älteste, in der Geschichte der Menschheit durchgehend gespielte Brettspiel, sondern auch eines der komplexesten.

In der heutigen Zeit sind die Herausforderungen dieses Spiels in der KI-Community als »Heiliger Gral« bekannt. Da die Zahl der möglichen Konfigurationen auf dem Brett größer ist als die Zahl der Atome im Universum, traute man Computern nicht die nötige Rechenleistung zu, einen geschickten menschlichen Spieler zu schlagen.

Wissenschaftler nahmen die Herausforderung an und stellten ein KI-Programm namens AlphaGo her. Das Programm lernte das Spiel durch Selbststudium, indem es über 100 000 Spiele analysierte. Dann spielte es so lange gegen sich selbst, bis es gegen den amtierenden Großmeister antreten konnte.

Bei Zug 37 des zweiten Spiels stand die Maschine vor einer Entscheidung, die den Verlauf des weiteren Spiels bestimmen würde. Sie hatte die Wahl zwischen zwei offenkundigen Möglichkeiten. Mit Zug A würde sich der Computer für ein Angriffsspiel entscheiden. Mit Zug B würde er signalisieren, dass er ein Verteidigungsspiel spielte.

Stattdessen entschied sich der Computer für einen dritten Zug, den in den Tausenden von Jahren, seit das Spiel gespielt wird, noch nie jemand gemacht hatte. »Kein einziger menschlicher Spieler hätte Zug 37 gewählt«, sagte eine Kommentatorin. Die meisten hielten ihn für einen Fehler oder einfach für eine schlechte Wahl.

Der Großmeister, der gegen die Maschine spielte, war so schockiert, dass er aufstand und den Raum verließ. Als er schließlich zurückkehrte, war er nicht wie sonst selbstbewusst und gelassen, sondern sichtbar aufgewühlt und frustriert durch das Erlebte. Am Ende gewann AlphaGo das Spiel. Und dieser noch nie zuvor gesehene Zug, so die Experten, war genau der, der den Spielverlauf zugunsten der KI wendete.

Der Computer gewann schließlich vier von fünf Spielen, und der Großmeister zog sich dauerhaft aus dem Wettkampfbetrieb zurück.

Mir kamen spontan die Tränen, als ich diese Geschichte das erste Mal hörte, und dieser plötzliche Gefühlsausbruch verwirrte mich. Nach einigem Nachdenken wurde mir klar, dass sie etwas über die Kraft der Reinheit im schöpferischen Akt aussagte.

Was genau ermöglichte einer Maschine, einen Zug zu erfinden, den Spielerfahrene in Tausenden Jahren noch nie gemacht hatten?

Es ging nicht unbedingt um Intelligenz. Es war die Tatsache, dass die Maschine das Spiel von Grund auf, ohne Coach, ohne menschlichen Eingriff, ohne Lektionen auf der Grundlage der Erfahrung von Experten, gelernt hatte. Die KI folgte den gesetzten Regeln und nicht den Tausenden von anerkannten kulturellen Normen, die daran gebunden waren. Sie berücksichtigte die 3000 Jahre alte Tradition des Go-Spiels samt ihren Konventionen nicht. Sie hielt sich nicht an das Narrativ, wie man dieses Spiel richtig spielt, und wurde von keinerlei einschränkenden Überzeugungen zurückgehalten.

Daher war dies nicht einfach nur ein Ereignis, das einen Wendepunkt in der Entwicklung der KI bedeutete. Es war das erste Mal, dass Go mit dem vollen Spektrum aller zur Verfügung stehenden Möglichkeiten gespielt worden war. Mit seiner Unvoreingenommenheit war AlphaGo innovationsfähig, konnte etwas komplett Neues erfinden und das Spiel für alle Zeiten verändern. Hätten Menschen dem Programm das Spiel beigebracht, dann hätte es das Turnier vermutlich nicht gewonnen.

Ein Go-Experte kommentierte es so: »Nachdem die

Menschheit Tausende Jahre damit zugebracht hat, die Taktiken zu verfeinern, sagen uns jetzt Computer, dass wir völlig falsch lagen … Ich würde sogar so weit gehen zu sagen, dass kein Mensch bisher auch nur in die Nähe des Wesens von Go vorgedrungen ist.«

Um zu sehen, was kein Mensch bisher gesehen hat, um zu wissen, was kein Mensch bisher gewusst hat, um zu erschaffen, was kein Mensch bisher erschaffen hat, könnte es notwendig sein, so in die Welt zu schauen, als hätten unsere Augen noch nie gesehen, sie so wahrzunehmen, als hätte unser Verstand noch nie gedacht, und unsere Hände so einzusetzen, als hätten sie noch nie erschaffen.

Das ist der Anfängergeist – einer der schwierigsten Seinszustände für die Künstlerin, gerade weil er beinhaltet, dass wir loslassen müssen, was uns unsere Erfahrungen gelehrt haben.

Anfängergeist heißt, von einem reinen, kindlichen Punkt des Nichtwissens auszugehen. Im Augenblick und mit so wenigen festen Überzeugungen wie möglich zu leben. Dinge als das zu sehen, was sie sind. Uns auf das einzustimmen, was uns im gegenwärtigen Augenblick belebt, statt auf das, was wir für nutzbringend halten. Und unsere Entscheidungen entsprechend zu treffen. Jede vorgefasste Idee oder anerkannte Konvention schränkt unsere Möglichkeiten ein.

Meist glauben wir, dass wir die uns zur Verfügung stehenden Chancen umso klarer sehen können, je mehr wir wissen. Das ist nicht der Fall. Das Unmögliche wird nur dann greifbar, wenn die Erfahrung uns keine Grenzen gelehrt hat. Siegte der Computer, weil er mehr wusste als der Großmeister, oder umgekehrt?

Im Nichtwissen liegt eine große Kraft. Angesichts einer schwierigen Aufgabe sagen wir uns vielleicht, sie sei zu schwer, der Mühe nicht wert, so wird es nicht gemacht, so wird es nicht funktionieren, oder jedenfalls wird es *für uns* so nicht funktionieren.

Gehen wir eine Aufgabe im Nichtwissen an, kann dies die Blockade jenes Wissens beseitigen, das Fortschritt verhindert. Interessanterweise ist es oft gerade das fehlende Bewusstsein für eine Schwierigkeit, was uns ihrer gewachsen sein lässt.

⊙

Nichtwissen fördert Innovation. Ein Mangel an Wissen kann Zugang zu neuen Wegen schaffen. Die Ramones dachten, sie würden Teeniepop für den Mainstream machen. Für die meisten anderen reichte allein schon der Textinhalt, um zu wissen, dass es viel mehr war: Es ging um Lobotomien, das Schnüffeln von Klebstoff und Idioten.

Während sich die Band selbst in der Tradition der Bay City Rollers sah, erfand sie ungewollt den Punkrock und startete eine gegenkulturelle Revolution. Waren die Bay City Rollers mit ihrer Musik zu ihrer Zeit sehr erfolgreich, wurden die Ramones mit ihrem einzigartigen Rock 'n' Roll-Ansatz noch beliebter und einflussreicher.

Unter allen Erklärungen des Phänomens der Ramones ist wohl die passendste: Innovation durch Nichtwissen.

⊙

Erfahrung verschafft uns eine Weisheit, aus der wir schöpfen können, dämpft aber auch die Kraft der Naivität. Die Vergangenheit kann eine Lehrerin sein, bietet sie uns doch bewährte Methoden, Vertrautheit mit den Standards unseres Handwerks, Kenntnis über die möglichen Risiken und in manchen Fällen auch Virtuosität. Sie lockt uns in ein Verhaltensmuster, das uns die Gelegenheit raubt, uns unschuldig mit der anstehenden Aufgabe zu befassen.

Je stärker wir unsere Herangehensweise verinnerlicht haben, desto schwieriger wird es, sie zu übergehen. Auch wenn Erfahrung Innovation nicht ausschließt, kann sie doch den Zugang zu ihr erschweren.

Tieren fällt es wie Kindern nicht schwer, Entscheidungen zu treffen. Sie handeln aus einem natürlichen Instinkt heraus, nicht aufgrund angelernten Verhaltens. Das ist eine Urkraft, getragen von einer alten Weisheit, die die Wissenschaft noch aufzuholen hat.

Zu diesen kindlichen Superkräften gehört es, gegenwärtig zu sein, das Spiel über alles andere zu setzen, sich um keinerlei Konsequenzen zu kümmern, rücksichtslos ehrlich zu sein und die Fähigkeit zu haben, sich von einem Gefühl frei ins nächste zu bewegen, ohne an irgendeinem

Narrativ festzuhalten. Für Kinder gibt es immer nur den gegenwärtigen Augenblick. Keine Zukunft, keine Vergangenheit. *Ich will das jetzt, ich bin hungrig, ich bin müde.* Ganz und gar reine Authentizität.

Die großen Künstler und Künstlerinnen waren und sind zu allen Zeiten diejenigen, die sich diese kindliche Begeisterung und Ausgelassenheit ganz selbstverständlich bewahrt haben. Genau wie ein Kind egoistisch ist, schützen sie ihre Kunst auf eine nicht immer kooperative Weise. Ihre Bedürfnisse als schöpferisch Tätige stehen an oberster Stelle. Häufig zulasten ihres Privatlebens und ihrer Beziehungen.

Bei einem der beliebtesten Singer-Songwriter aller Zeiten ist es so, dass die Inspiration Vorrang vor allen anderen Verpflichtungen hat. Seine Freunde und Familie wissen, dass er, sobald ihn ein Song ruft, mitten beim Essen, im Gespräch oder bei einer Veranstaltung plötzlich wortlos den Raum verlässt und seiner Inspiration nachgeht.

In der Kunst wie im Leben ist es erstrebenswert, Zugang zum kindlichen Geist zu bekommen. Solange wir nicht zu viele feste Gewohnheiten und Denkweisen angesammelt haben, fällt uns das ganz leicht. Andernfalls wird es sehr schwierig oder nahezu unmöglich.

Ein Kind hat noch keinerlei vorgefasste Überzeugungen, auf die es sich verlassen könnte, um die Welt zu verstehen. Auch für uns wäre eine solche Einstellung sinnvoll. Denn jedes im Vorfeld unserer kreativen Arbeit festgelegte Label, und sei es noch so grundlegend für uns als Bildhauerin, Rapper, Autorin oder Unternehmer, kann der Sache mehr schaden als nützen. Mach dich frei von allen Etiketten! Und wie siehst du die Welt jetzt?

Versuche alles so zu erleben, als wäre es das erste Mal. Bist du in einer Stadt im Binnenland aufgewachsen und machst zum allerersten Mal eine Reise ans Meer, ist das vermutlich eine einschneidende, Ehrfurcht einflößende Erfahrung. Hast du dein Leben lang in Meeresnähe gelebt, wäre eine solche Reise mit ziemlicher Sicherheit ein weit weniger einschneidendes Erlebnis.

Wenn du das, was dich jetzt umgibt, so betrachtest, als wäre es das erste Mal, wird dir klar, wie erstaunlich alles ist.

Als Künstler streben wir danach, so zu leben, dass wir im scheinbar Profanen das Außergewöhnliche sehen. Und dann stellen wir uns der Herausforderung, das, was wir sehen, auf eine Weise mitzuteilen, dass es anderen einen Blick auf diese bemerkenswerte Schönheit ermöglicht.

Talent ist die Fähigkeit, zuzulassen,
dass Ideen durch dich offenbar werden.

Inspiration

Eine Inspiration taucht unversehens auf.

Als »Unbefleckte Empfängnis«.

Als göttlicher Lichtstrahl. In einem Atemzug erstrahlt eine Idee, die sonst mühsam entfaltet werden müsste.

Inspiration wird durch die Qualität und Quantität des empfangenen Impulses definiert. In einem so unmittelbaren Tempo, dass eine Verarbeitung unmöglich scheint. Inspiration ist der Treibstoff, der unser Werk raketenartig befeuert. Ein universelles Gespräch, an dem wir sehnsüchtig teilhaben möchten.

Das Wort stammt aus dem Lateinischen: *inspirare,* was so viel heißt wie einatmen oder einhauchen.

Damit die Lungen sich mit Luft füllen können, müssen sie zunächst geleert sein. Damit der Geist Inspiration auf nehmen kann, benötigt er Platz für das Neue, um es willkommen heißen zu können. Das Universum strebt nach Gleichgewicht. Fehlt dieses, ziehen wir Energie an.

Dasselbe Prinzip gilt für alles im Leben. Suchen wir

nach einer Beziehung, wenn wir bereits eine haben, dann sind wir schon voll, und für eine neue ist kein Raum da. Und die richtige Beziehung können wir nicht willkommen heißen.

Um Raum für Inspiration zu schaffen, kommen Übungen zur Beruhigung des Geistes infrage: Meditation, Achtsamkeit, Stille, Kontemplation, Gebet – jedes Ritual, das uns hilft, Ablenkungen und *papañca* abzuwenden.

Der Atem selbst ist ein mächtiges Werkzeug, um die Gedanken zu beruhigen, Raum zu schaffen und uns einzustimmen. Allerdings ist das keine Garantie, dass die Inspiration kommt, auch wenn die Leere die Muse anziehen könnte.

Aus spiritueller Sicht bedeutet Inspiration *Leben einhauchen*. Nach antiker Interpretation ist sie als unmittelbarer Einfluss des Göttlichen definiert. Für die Künstlerin ist Inspiration ein Atemzug kreativer Kraft, aufgesogen von irgendwo außerhalb unseres kleinen Selbst. Wir können nicht sicher sein, wo genau diese plötzliche Eingebung ihren Ursprung hat. Aber es hilft, zu wissen, dass nicht wir allein dafür verantwortlich sind.

Jede Inspiration wirkt energetisierend. Aber wir können uns nicht auf ihr Kommen verlassen. Ein Künstlerleben lässt sich nicht ausschließlich auf dem Warten aufbauen. Inspiration entzieht sich unserer Kontrolle, sie zu finden kann schwer sein. Sie erfordert Anstrengung, wir müssen sie zu uns einladen. Solange sie uns nicht überkommt, können wir an anderen Bereichen des Projekts arbeiten, die unabhängig von seiner kosmischen Botschaft sind.

Offenbarungen verbergen sich in den gewöhnlichsten Augenblicken: in einem Schattenwurf, dem Geruch eines angezündeten Streichholzes, einem ungewöhnlichen Satz, den man gehört oder auch missverstanden hat. Wir brauchen nur mit Hingabe dranzubleiben – eine Übung, die Regelmäßigkeit verlangt.

Um verschiedene Inspirationen zu bekommen, könntest du deine Inputs variieren. Schalte den Ton aus, wenn du einen Film anschaust, höre dir ein und denselben Song immer wieder an, lies nur das erste Wort von jedem Satz in einer Kurzgeschichte, sortiere Steine nach Größe oder Farbe, lerne luzides Träumen.

Brich Gewohnheiten.

Suche nach Unterschieden.

Beachte Verbindungen.

Ein Hinweis auf Inspiration ist Ehrfurcht. Wir halten oft vieles für zu selbstverständlich. Wie können wir unsere Unverbundenheit und unsere Abstumpfung überwinden und uns für die unglaublichen Wunder der Natur und des menschlichen Schaffens öffnen, die uns überall umgeben?

Das meiste von dem, was wir in der Welt sehen, hat das Potenzial, Erstaunen zu wecken, sofern wir es aus einer weniger abgebrühten Perspektive betrachten. Übe dich darin, das Ehrfurcht Einflößende hinter dem Selbstverständlichen zu erkennen. Schau dir die Welt so oft wie möglich aus diesem Blickwinkel an. Tauche ein.

Die Schönheit, die uns umgibt, bereichert unser Leben auf so viele Arten. Sie ist Selbstzweck. Und setzt ein Zeichen, wonach wir in unserer Arbeit streben sollten. Wir können uns bemühen, einen Blick für Harmonie und Balance zu entwickeln, als ob unsere Kreationen genau wie Berge oder Federn schon immer da gewesen wären.

⊙

Reite die Welle, solange es möglich ist. Wenn du schon das Glück hast, von einer Inspiration erfasst worden zu sein, solltest du sie auch voll und ganz nutzen. Bleib so lange in der Energie dieses seltenen Augenblicks, wie er andauert. Bleib dran, wenn es fließt.

Wenn du als Schriftsteller vor dem Schlafengehen Zugang zu einem Gedankenstrom bekommst, möchtest du ihn vielleicht bis zum Morgengrauen auskosten. Wenn du als Musikerin dein Ziel erreicht und den einen oder die zehn beabsichtigten Songs geschrieben hast, dir dann aber noch weitere Ideen kommen, so fang davon ein, soviel du kannst.

Was da entsteht, mag im aktuellen Projekt keine Verwendung finden, ist aber vielleicht für ein anderes von Nutzen. Oder auch nicht. Die Aufgabe des Künstlers besteht einfach nur darin, die Eingebung zu erkennen und dankbar anzunehmen, bis sie tatsächlich ihren Weg gefunden hat.

Was die Priorität anbelangt, so steht die Inspiration an erster Stelle. An zweiter kommst du. Das Publikum folgt als Letztes.

Diesen besonderen Augenblicken ist mit absoluter Hingabe zu begegnen. Angesichts solch fließender Momente der Erleuchtung sind alle Termine nichtig. Sammle deine Kräfte und widme dich ganz diesem Geschenk, selbst wenn es dir gerade ungelegen kommt. Das ist eine Pflicht, die die Künstlerin ernst zu nehmen hat.

John Lennon hat einmal empfohlen, einen Song in genau der Session zu Ende zu schreiben, in der man ihn angefangen hat. Der anfänglichen Inspiration wohnt eine Kraft inne, die einen durch das gesamte Stück tragen kann. Kümmere dich nicht darum, dass noch nicht alle Stellen so sind, wie sie sein können. Erarbeite eine Rohfassung. Eine komplette, unvollkommene Fassung ist im Allgemeinen hilfreicher als ein scheinbar perfektes Fragment.

Sobald eine Idee entsteht oder eine Textzeile aufgeschrieben ist, haben wir vielleicht bereits das Gefühl, dass wir den Code geknackt haben und der Rest sich von allein regeln wird. Doch wenn wir dann aufhören und diesen Initialfunken verglühen lassen, könnte es schwierig werden, ihn noch einmal zu zünden. Stell dir Inspiration als eine Kraft vor, die vor den Gesetzen der Entropie nicht gefeit ist.

Gewohnheiten

Am ersten Trainingstag brachte ich den Spielern immer zuallererst bei, wie man sich die Socken und Schuhe richtig anzieht und dass man sich dafür etwas Zeit nehmen muss. Der wichtigste Teil ihrer Ausstattung sind die Schuhe und die Socken. Sie spielen auf hartem Boden. Also müssen sie Schuhe haben, die wirklich passen. Und die Socken müssen am kleinen Zeh und an den Fersen – dort, wo man am ehesten Blasen kriegt – glatt anliegen. Ich zeigte meinen Spielern, wie sie vorgehen sollten. Nimm die Socke in die Hand und zieh sie so um den Bereich des kleinen Zehs und der Ferse, dass sich keine Falten bilden. Streich sie glatt aus und halte die Socke fest, wenn du den Schuh anziehst. Der Schuh muss weit geöffnet sein, die Schnürsenkel nicht nur oben, sondern bis ganz unten gelockert.

Nun ziehst du die Schnürsenkel von unten Öse um Öse nach, bevor du sie bindest. Und dann machst du einen Doppelknoten, damit sie nicht aufgehen – denn ich will beim Training oder beim Spiel keine offenen Schnürsenkel. Sie dürfen sich auf keinen Fall lösen.
Dies ist nur ein kleines Detail, das sich ein Coach zunutze machen muss. Denn schließlich sind es die kleinen Details, die zu den großen Dingen führen.

Das Zitat stammt von John Wooden, dem erfolgreichsten Coach in der Geschichte des College-Basketballs. Seine Teams gewannen mehr Spiele und Meisterschaften in Folge als jedes andere.

Wenn solche Eliteathleten zum ersten Mal auf den legendären Coach trafen, wollten sie ihm natürlich gleich ihr Können auf dem Platz zeigen. Wie frustrierend muss da die lapidare Ansage für sie gewesen sein: »Heute lernen wir, uns die Schuhe zu binden.«

Wooden ging es darum, dass effektive und bis ins Detail ausgetüftelte Gewohnheiten den Unterschied ausmachen, der über Gewinnen oder Verlieren entscheidet. Jede einzelne Gewohnheit mag unbedeutend erscheinen, aber zusammengenommen haben sie eine exponentielle Wirkung auf die Leistung. Schon eine einzige, eigens erworbene Gewohnheit kann an der Spitze eines Bereichs genügen, damit man sich einen Wettkampfvorteil verschafft.

Wooden berücksichtigte alle Aspekte des Spiels, die

Probleme bereiten konnten, und trainierte seine Spieler für jeden einzelnen. Wiederholt. Bis sie zur Gewohnheit geworden waren.

Das Ziel war eine einwandfreie Performance. Wooden sagte oft, dass der einzige Mensch, gegen den man je kämpfe, immer nur man selbst sei. Alles andere entziehe sich unserer Kontrolle.

Diese Denkweise lässt sich ebenso auf das kreative Leben übertragen. Sowohl für den Künstler wie für die Athletin kommt es aufs Detail an, egal, ob sie das erkennen.

Gute Gewohnheiten schaffen gute Kunst. Wir behandeln alles mit gleicher Sorgfalt: jede Entscheidung, jeden Schritt, jedes Wort. Ziel ist es, das Leben so zu leben, dass es der Kunst dient.

Überleg dir, wie du dir einen gleichbleibenden Rahmen für deinen kreativen Prozess schaffen kannst. Häufig ist die Freiheit, sich auszudrücken, umso größer, je klarer die selbst gesetzte Struktur ist.

Disziplin und Freiheit scheinen im Gegensatz zueinander zu stehen. In Wahrheit sind sie Partnerinnen. Disziplin bedeutet nicht Mangel an Freiheit, sondern ein harmonisches Verhältnis zur Zeit. Eine gute Handhabung des eigenen Zeitplans und der Alltagsgewohnheiten ist unabdinglich, wenn du Freiraum schaffen willst für dein praktisches und kreatives Vermögen, große Kunst zu machen.

Man könnte sogar sagen, dass fokussierte Effizienz im Leben wichtiger ist als in der Arbeit. Strenge Disziplin im praktischen Alltag ermöglicht kindliche Freiheit beim Öffnen der kreativen Fenster.

Gewohnheiten, die die Kreativität fördern, können täglich mit dem Aufstehen beginnen. Zum Beispiel vor dem Blick auf den Bildschirm in die Sonne schauen, Meditation (im Freien, wenn möglich), Körperübungen und eine kalte Dusche, bevor du an einem passenden Ort mit der Kreativzeit beginnst.

Solche Gewohnheiten können für jeden und jede anders aussehen und sich vielleicht auch von Tag zu Tag unterscheiden. Mal sitzt du im Wald, achtest auf deine Gedanken und machst dir Notizen. Oder du fährst eine Stunde mit dem Auto ziellos durch die Gegend, hörst dabei klassische Musik und heißt jede Eingebung willkommen.

Es ist gut, sich feste Bürozeiten zu setzen wie auch ungestörte Zeiten des unbeschwerten Spiels, die deiner Vorstellungskraft freien Lauf schenken. Für den einen mag es ein Zeitfenster von drei Stunden sein, für die andere reichen 30 Minuten. Manche arbeiten lieber von früh bis spät durch, andere in 20-Minuten-Zyklen mit jeweils drei Minuten Pause dazwischen.

Finde Rituale, die dir liegen und die dich in deiner Arbeit am besten unterstützen. Falls du dir eine zu erdrückende Routine gesetzt hast, wirst du vermutlich Gründe finden, dich ihr zu verweigern. Es ist im Interesse deiner Kunst, dir zunächst eine leicht einhaltbare Struktur zu schaffen.

Verpflichtest du dich gegenüber dir selbst, eine halbe Stunde täglich zu arbeiten, können daraus gute Impulse entstehen. Und wenn du dann auf die Uhr schaust, stellst du plötzlich fest, dass du zwei Stunden gearbeitet hast. Ist die Gewohnheit erst einmal entwickelt, kannst du deine Kreativstunden jederzeit auch ausweiten.

Fühle dich frei zu experimentieren. Ziel ist es, dich einer Struktur anzuvertrauen, die ein Eigenleben entwickeln kann, statt immer nur dann kreativ zu arbeiten, wenn dir gerade danach ist, oder jeden Tag mit der Frage zu beginnen, wie und wann du heute deiner Kunst nachgehen wirst.

Konzentriere deine Entscheidungsprozesse auf die Arbeit selbst und nicht schon darauf, *wann* du überhaupt arbeiten willst. Je weiter du die Alltagsaufgaben reduzierst, desto größer wird die freie Bandbreite für kreative Entscheidungen. Albert Einstein trug jeden Tag dasselbe: einen grauen Anzug. Erik Satie hatte siebenmal das gleiche Kleidungsset: für jeden Wochentag eines. Begrenze deine praktischen Entscheidungen, damit deine kreative Fantasie frei werden kann.

⊙

Wir alle sehnen uns danach, neue gesunde und produktive Gewohnheiten zu etablieren, wollen Sport treiben, regional essen, Bioprodukte einkaufen oder unsere Kunst regelmäßiger ausüben.

Aber wie oft hinterfragen wir eigentlich die Gewohnheiten, die aktuell unseren Alltag bestimmen, um sie eventuell auch abzustellen? Wie oft erachten wir Verhaltensweisen, die wir gemeinhin akzeptieren als *die Art und Weise, wie die Leute* oder *wie wir nun mal sind*, einfach nur als Gewohnheiten?

Wir alle haben unsere Gewohnheiten. Es sind Automatismen, die sich in unserer Bewegung, im Sprechen, Denken und in der Wahrnehmung finden. Darin, wie wir sind. Manche davon haben wir schon als Kinder tagtäglich praktiziert. Dabei bildet sich eine Leitbahn im Gehirn aus, die sich nur schwer ändern lässt. Die meisten dieser Gewohnheiten kontrollieren uns so weit, dass sie selbstständig und automatisch und jenseits unserer Entscheidungsgewalt ablaufen, genau wie die Regulierung unserer Körpertemperatur.

Vor Kurzem habe ich auf neue Art schwimmen gelernt. Es fühlte sich komisch und kontraintuitiv an, weil ich schon als Kind geschwommen bin. Meine bisherige Methode war so eingefleischt, dass ich nie darüber nachzudenken brauchte. Ich wusste, was ich tun musste, ohne groß nachzudenken. Es hatte gut genug funktioniert, um mich von einem Ende des Beckens zum anderen zu bewegen, obwohl es andere Möglichkeiten gegeben hätte, wie ich leichter, schneller und müheloser hätte schwimmen können.

Auch in unserem künstlerischen Streben verlassen wir uns auf Gewohnheiten, um von einem Punkt zum nächsten zu gelangen. Manche dienen der Arbeit nicht oder untergraben ihren Fortschritt sogar. Wenn wir offen bleiben und genau hinsehen, können wir diese weniger hilfreichen Gewohnheiten erkennen, ihren Bann schwächen und sogar anfangen, neue Praktiken zu erforschen, die wie temporäre Mitwirkende in unser kreatives Leben treten, nur so lange bleiben, wie sie der Arbeit dienen, und wieder gehen, wenn sie nicht mehr förderlich sind.

Gedanken und Gewohnheiten, die der Arbeit nicht zuträglich sind:

- Der Glaube, nicht gut genug zu sein.
- Das Gefühl, nicht genug Energie zu haben.
- Übernommene Regeln mit absoluten Wahrheiten zu verwechseln.
- Keine Lust auf die Arbeit zu haben (Faulheit).
- Die Arbeit nicht zu ihrem höchsten Ausdruck zu bringen (und sich zu schnell zufriedenzugeben).
- So ehrgeizige Ziele zu haben, dass man gar nicht erst anfängt.
- Der Gedanke, nur unter bestimmten Bedingungen beste Arbeit leisten zu können.
- Der Glaube, besonderes Werkzeug oder eine bestimmte Ausstattung zu benötigen, um die Arbeit tun zu können.
- Das Projekt aufzugeben, sobald es schwierig wird.
- Das Gefühl, du bräuchtest eine Erlaubnis, um anzufangen oder weiterzumachen.

- Sich von einem vermeintlichen Bedarf an Förderung, Ausstattung oder Unterstützung abhalten zu lassen.
- Zu viele Ideen zu haben und nicht zu wissen, wo man anfangen soll.
- Projekte nie zu Ende zu bringen.
- Den Umständen oder anderen die Schuld daran zu geben, den Prozess gestört zu haben.
- Negative Verhaltensweisen oder Abhängigkeiten zu romantisieren.
- Die Überzeugung, es bräuchte eine bestimmte Geistesverfassung, um beste Arbeit zu leisten.
- Anderen Aktivitäten und Verantwortlichkeiten Priorität über das Engagement für die Kunst zu schenken.
- Ablenkungsmanöver und Verzögerungstaktiken.
- Ungeduld.
- Der Glaube, alles, was man nicht unter Kontrolle hat, stünde einem im Weg.

Schaff dir eine Umgebung,
in der du frei bist, das auszudrücken,
wovor du Angst hast.

Die Saat

In der Frühphase des kreativen Prozesses müssen wir komplett offen sein und alles einsammeln, was von Interesse sein könnte.

Nennen wir sie die Phase des Samensammelns. Wir suchen nach potenziellen Ausgangspunkten, die sich mit Liebe und Fürsorge zu etwas Wunderschönem auswachsen können. In diesem Stadium stellen wir keine Vergleiche an, um die besten Samen zu finden. Wir sammeln sie einfach nur.

Ein Samenkorn für einen Song kann zum Beispiel ein Satz sein, eine Melodie, eine Basslinie oder ein Rhythmus.

Für eine schriftliche Arbeit ist es dann ein Satz, eine Charakterskizze, ein Setting, eine These oder ein Handlungselement.

Für eine Konstruktion findet man es in einer Form, einem bestimmten Material, einer Funktion oder in den natürlichen Eigenschaften eines Ortes.

Und für eine Geschäftsidee wäre es zum Beispiel eine

verbreitete Unannehmlichkeit, ein gesellschaftlicher Bedarf, eine technische Entwicklung oder ein persönliches Interesse.

Das Einsammeln von Samen erfordert in der Regel keine besondere Anstrengung. Wir empfangen etwas. Bemerken etwas.

Wenn wir Fische angeln wollen, gehen wir ans Wasser, beködern den Haken, werfen die Angel aus und warten geduldig. Wir können nur dafür sorgen, dass die Angel da ist, den Fisch haben wir nicht unter Kontrolle.

Die Künstlerin wirft ihre Angel ins Universum aus. Wir haben es nicht in der Hand, wann eine Inspiration kommt oder wann wir auf etwas aufmerksam werden. Wir können nur empfangsbereit und da sein. Genau wie bei der Meditation wird das Ergebnis durch unser Engagement für den Prozess ermöglicht.

Samen lassen sich am besten durch aktives Gewahrsein und grenzenlose Neugier sammeln. Wir können nur unsere Bereitschaft zeigen, nichts erzwingen.

⊙

Aus den gesammelten Samen Schlüsse über ihren Wert oder ihr Schicksal zu ziehen kann ihr natürliches Potenzial behindern. In dieser Phase besteht die Aufgabe des Künstlers darin, die Samen zu sammeln, sie auszusäen, achtsam zu wässern und zu beobachten, ob sie Wurzeln bilden.

Eine spezifische Vision darüber, was sich aus einem Samenkorn entwickeln wird, könnte sich in späteren Phasen als nützlicher Leitfaden erweisen. In diesem Anfangsstadium dagegen würde es weitere interessante Möglichkeiten nur blockieren.

Aus einer Idee, die zunächst eher unscheinbar wirkt, kann ein wunderbares Werk entstehen. Umgekehrt trägt der aufregendste Samen am Ende vielleicht keine Frucht. Es ist noch zu früh und unmöglich, die ersten Keime zu beurteilen, solange wir in unserem Prozess nicht weitergediehen sind und sich die Idee nicht weiterentwickelt hat. Der geeignete Samen wird sich erst mit der Zeit offenbaren.

Messen wir einem Samen zu viel Bedeutung bei oder verwerfen ihn gleich, kann dies sein natürliches Wachstum beeinträchtigen. Die Versuchung, in dieser Frühphase zu viel Eigenes einzubringen, kann das gesamte Unterfangen unterminieren. Hüte dich davor, Abkürzungen zu nehmen oder Dinge vorschnell von deiner Liste zu streichen.

Ein Samenkorn, das nicht gegossen wird, kann sich nicht entfalten und keine Frucht tragen. Sammle zunächst viele Samen, um dann nach einer gewissen Zeit zu rekapitulieren, welche dich noch ansprechen. Mitunter sind wir zu dicht dran, um ihr wahres Potenzial zu erkennen. Dann wieder ist der magische Augenblick, der einen Samen ins Leben gerufen hat, größer als der Same selbst.

Im Allgemeinen ist es besser, über mehrere Wochen oder Monate hinweg Ideen zu sammeln, bevor du entscheidest, auf welche du dich konzentrieren willst, anstatt einem Drang nachzugeben oder dem Zwang, mit dem, was dir heute vorliegt, möglichst schnell ein Ergebnis zu erzielen.

Je mehr Samen du zusammengetragen hast, desto leichter fällt die Auswahl. Hast du 100 Samen zusammen, stellst du vielleicht fest, dass dich Samen Nummer 54 anspricht wie kein anderer. Eine solche Einschätzung würde dir schwererfallen, wenn du nur ihn zur Auswahl, also keine weiteren zum Vergleich hättest.

Falls du Vermutungen darüber anstellst, welche Samen nicht funktionieren oder nicht zu dem passen werden, was du für deine künstlerische Identität hältst, hindert dich dies womöglich daran, in deiner kreativen Arbeit zu wachsen. Manchmal liegt der Sinn eines Samenkorns gerade darin, dich in eine völlig neue Richtung zu treiben. Auf dem Weg kann es sich dann in etwas verwandeln, das seine ursprüngliche Form kaum noch erkennen lässt, und zu deinem bislang größten Werk werden.

Zu diesem Zeitpunkt ist es hilfreich, das Werk als etwas zu begreifen, das größer ist als du. Ein Gefühl von Ehrfurcht zu kultivieren, zu staunen, was möglich ist, und zu erkennen, dass es nicht von deiner Hand allein erschaffen ist.

Das Werk offenbart sich im Tun.

Experimentieren

Wir haben bereits eine Handvoll Samen – Ausgangspunkte und Möglichkeiten – gesammelt. Nun beginnt das zweite Stadium, die Experimentierphase.

Angefeuert von der Begeisterung über die plötzliche Entdeckung eines Ausgangspunktes spielen wir mit unterschiedlichen Kombinationen und Möglichkeiten, um herauszufinden, ob eine von ihnen erkennen lässt, wie sich der Samen weiterentwickeln möchte. Es ist wie eine Suche nach Leben. Wir wollen herausfinden, ob wir die Samen dazu bewegen können, auszutreiben und Wurzeln zu schlagen.

Eine richtige Art, zu experimentieren, gibt es nicht. Wir wollen einfach mit den Samen interagieren, indem wir unseren Ausgangspunkt in verschiedene Richtungen weiterentwickeln. Dazu kultivieren wir sie einzeln, ähnlich der Gärtnerin, die die optimalen Wachstumsbedingungen herzustellen versucht.

Dies ist einer der spielerischen Teile eines Projekts, denn noch kommt es auf kein Ergebnis an. Wir können mit Formen spielen und abwarten, was Gestalt annimmt. Es gibt keine Regeln. Bei jedem Künstler und jedem Samen werden die Keimlinge anders aussehen.

Geht es um eine Romanfigur, dann bauen wir jetzt ihre Welt aus, entwickeln eine Hintergrundgeschichte oder nehmen ihre Rolle ein und beginnen, von ihrem Standpunkt aus zu schreiben.

Geht es um eine Filmstory, wollen wir verschiedene Schauplätze ausprobieren: unterschiedliche Länder, Communitys, Epochen oder Realitäten. Shakespeares Stücke sind zum Beispiel zu Kinofilmen adaptiert worden, die von New Yorker Straßengangs bis zu Samurais, von Santa Monica bis zum Weltraum rangieren.

Zahllose Richtungen sind möglich, und solange wir sie nicht erforschen, finden wir nicht heraus, ob sie uns in neue Gefilde oder in eine Sackgasse führen. Im Fall eines Songs spricht eine Sängerin womöglich sehr schnell auf einen Instrumental-Track an, und die Melodie offenbart sich sofort. Ein anderes Mal findet ein Sänger einen Instrumental-Track zwar unwiderstehlich, aber obwohl er ihn sich 1000-mal anhört, wird nicht mehr daraus.

In dieser Phase geht es uns nicht um den schnellsten oder größten Fortschritt, sondern um das, was am vielversprechendsten ist. Wir konzentrieren uns auf das Gedeihen und beschneiden noch nichts; wir erschaffen Möglichkeiten, statt sie zu vernichten. Ein zu früher Schnitt kann uns Wege verschließen, die zu noch nie gesehenen, wunderschönen Ausblicken führen können.

Während der Experimentierphase stolpern wir über Erkenntnisse, doch sie überraschen uns eher oder fordern uns heraus, als dass sie unsere Erwartungen erfüllen würden.

In der Antike mischten Alchemisten in China auf der Suche nach der Unsterblichkeit Salpeter, Schwefel und Holzkohle. Stattdessen entdeckten sie das Schießpulver. Auch zahllose andere Entdeckungen – wie Penizillin, Plastik, Herzschrittmacher, Post-it-Zettel – kamen per Zufall zustande. Wie viele Neuerungen, die die Welt vielleicht verändert hätten, sind wohl verloren gegangen, weil sich irgendwer so sehr auf sein Ziel fokussierte, dass er nicht erkannte, welcher Schatz sich direkt vor seiner Nase befand?

Ein Experiment birgt immer ein Mysterium. Wir können nicht vorhersehen, wohin ein Samen führt oder ob er überhaupt wurzeln wird. Bleib offen für das Neue und Unbekannte. Fang deine Entdeckungsreise mit einem Fragezeichen an.

Nutze die Energie, die dem Samen innewohnt, voll und ganz, und störe ihn so wenig wie möglich. Du wirst versucht sein, einzugreifen und seine Entwicklung auf ein bestimmtes Ziel oder eine vorgefasste Idee zu lenken. In diesem Stadium des Prozesses könnte dies von seinem produktivsten Potenzial ablenken.

Erlaube dem Samenkorn, seinen eigenen Weg zur Sonne zu finden. Die Zeit zum Eingreifen kommt früh genug. Fürs Erste gilt es, Raum für Magie zu schaffen.

⨀

Nicht jeder Same *muss* aufgehen. Aber vielleicht gibt es für jeden einen richtigen Zeitpunkt. Wenn ein Same sich nicht zu entwickeln oder er nicht zu reagieren scheint, könntest du ihn auch einfach in Verwahrung nehmen, statt ihn wegzuwerfen.

In der Natur liegen manche Samen brach in der Erde und warten auf den förderlichsten Moment für ihr Wachstum. Für die Kunst gilt dasselbe. Für einige Ideen ist die Zeit noch nicht gekommen. Oder vielleicht ist sie schon da, aber du bist noch nicht bereit, dich auf sie einzulassen. Und manchmal gibt die Entwicklung eines ganz anderen Samens Aufschluss über einen brachliegenden.

Manche Samenkörner sind direkt keimbereit. Du fängst sofort an zu experimentieren, vollendest dein Werk und bist auch noch zufrieden mit dem Ergebnis. Oder du bist erst bei der Hälfte angelangt, aber plötzlich unsicher, wohin er sich weiterentwickeln will.

Häufig arbeiten wir auch dann noch an einem Samen weiter, wenn wir unsere Begeisterung verloren haben. Denn schließlich haben wir schon so viel Zeit investiert, da muss die Arbeit doch irgendwann zum Besseren ausschlagen. Wenn die Energie weiter absinkt, heißt das nicht unbedingt, dass der Samen schlecht wäre. Wir haben nur vielleicht noch nicht die richtige Umsetzung für ihn gefunden. Es könnte helfen, eine Zeit lang Abstand zu nehmen und die Sichtweise zu verändern. Noch einmal von vorn anzufangen oder ihn ganz beiseitezulegen, um erst einmal die anderen zu sondieren.

Das Ergebnis liegt nicht in unserer Hand. Schenk allen Samen ein wenig Aufmerksamkeit, unabhängig davon, welches Potenzial du dir von ihnen versprichst, und sei offen für eine schöne Entwicklung.

Hast du nur ein einziges Samenkorn – eine sehr spezifische Vision von dem, was du erreichen möchtest –, dann ist das in Ordnung. Es gibt keinen richtigen Weg. Sei dir aber bewusst, dass es sich einschränkend auswirken könnte, wenn du nicht das ganze Potenzial ausnutzt, das du in dir trägst. Allen Möglichkeiten gegenüber offen zu bleiben kann dich an einen Punkt bringen, von dem du gar nicht wusstest, dass du genau dorthin wolltest.

Weißt du, was du tun willst, und tust genau das, so nennt man das Handwerk. Beginnst du mit einer Frage und nutzt diese für eine Entdeckungsreise, ist das künstlerische Arbeit. Die Überraschungen, die dir auf dem Weg begegnen, können deine Arbeit und sogar die Kunstform an sich ausweiten.

Wenn eine Pflanze wächst und gedeiht, sehen wir, wie sich mit jedem Stängel, mit jedem Blatt, mit jeder Blüte das

Leben Bahn bricht. Woran erkennen wir, ob eine Idee wächst und gedeiht?

Am präzisesten sind oft die emotionalen und nicht die intellektuellen Wegzeichen. Begeisterung ist tendenziell der beste Barometer für eine gute Samenauswahl. Es macht uns Freude zu sehen, wie etwas Interessantes entsteht. Es energetisiert, wir wollen mehr, uns einlassen. Der Energie nachgehen.

In der Experimentierphase achten wir auf diese körperlich spürbare Faszination. Analyse und Kopfarbeit sind erst später dran. Vorerst folgen wir dem Herzen. Und irgendwann blicken wir vielleicht zurück und verstehen, warum dieses Gefühl in uns aufgestiegen ist. Oder auch nicht, und auch das ist in Ordnung. Im Moment spielt es jedenfalls keine Rolle.

⊙

Wenn sich zwei Ideen ziemlich gleichgewichtig anfühlen und die eine ganz klar das Potenzial hat, zu etwas Wunderbarem zu werden, während die andere weniger Potenzial zeigt, aber interessanter scheint, dann halte dich ruhig an letztere. Gründe deine Entscheidungen auf das, was dich bewegt, und achte auf das, was dein Interesse fesselt. Dies wird der Arbeit stets am besten dienen.

Das Scheitern
weist dir den Weg
zu deinem Ziel.

Probiere alles aus

Aus der Mischung von Blau und Gelb ergibt sich Grün. Zwei plus zwei macht vier.

Verbinden wir im gewöhnlichen Leben Grundelemente miteinander, dann ist vieles davon vorhersehbar.

Beim Kunstschaffen trotzt die Summe der Teile häufig den Erwartungen. Nicht immer passen Theorie und Praxis zueinander. Die Formel, die gestern noch funktionierte, tut es morgen womöglich nicht mehr. Bewährte Lösungen nützen manchmal am wenigsten.

Zwischen Vorstellung und Realität liegt eine Kluft. Im Kopf finden wir eine Idee brillant, aber praktisch funktioniert sie vielleicht gar nicht. Eine andere kommt uns zunächst langweilig vor, könnte jedoch in der Umsetzung genau das sein, was wir brauchen.

Eine Idee aufzugeben, bloß weil sie im Kopf nicht funktioniert, leistet der Kunst einen schlechten Dienst. Um herauszufinden, ob sie funktioniert, musst du sie testen. Und um die beste zu finden, testest du sie am besten alle.

Stell dir so viele »Was wäre, wenn«-Fragen wie möglich. Was wäre, wenn dein Werk das erste Bild wäre, das ein anderer jemals zu Gesicht bekäme? Was wäre, wenn du alle Adverbien streichen würdest? Was wäre, wenn du die lauten Stellen leise spielen würdest? Suche nach Gegensätzen. Wie beeinflussen sie dein Werk?

Mach es dir ruhig vorübergehend zur Regel, dass es keine schlechten Ideen gibt. Probiere sie alle aus, auch wenn sie dich nicht gerade begeistern oder du meinst, dass sie gar nicht funktionieren können.

Bei Teamwork sind solche Methoden besonders nützlich. In der Arbeit mit anderen werden verschiedene Ideen vorgebracht, die am Ende häufig in Konkurrenz zueinander stehen. Aus Erfahrung meinen wir zu wissen, was die anderen sich vorstellen und wie das Ergebnis aussehen wird.

Doch ist es unmöglich, genau zu wissen, was jemand anders denkt. Und wenn wir nicht einmal vorhersagen können, ob unsere eigenen Ideen funktionieren – und das können wir nicht! –, wie sollen wir dann Schlüsse über die von anderen ziehen?

Statt verschiedene Lösungen durchzusprechen, um die beste herauszufinden, müssen wir sie physisch umsetzen – sie ausagieren, ausspielen oder zu einem Modell ausbauen. Die verbale Ebene ist nicht zielführend, Beschreibungen werden Ideen nicht gerecht.

Wir wollen ein Umfeld schaffen, in dem Entscheidungen frei von irreführender Überredungskraft fallen können. Überredung führt zu Mittelmäßigkeit. Um Ideen beurteilen zu können, muss man sie sehen, hören, schmecken oder berühren können.

Am besten führt die Person, die die Idee hatte, sie vor oder beaufsichtigt ihre Ausführung so lange, bis sie dem entspricht, was sie meinte. Das hilft, Missverständnisse zu vermeiden.

Vielleicht ist die Idee, wenn sie ihren vollen Ausdruck gefunden hat, viel besser, als du es dir vorgestellt hattest. Vielleicht passt sie sogar perfekt oder entspricht genau deinen Erwartungen. Unabhängig vom Ergebnis ist der Prozess eine Bereicherung. Erlaube dir, dich geirrt zu haben, und lass dich freudig überraschen.

Im Bemühen um die Lösung eines Rätsels gibt es keine Fehler. Jeder misslungene Versuch bringt dich einer funktionierenden Lösung näher. Klammere dich nicht an die Einzelheiten des Problems. Erweitere dein Blickfeld. Falls die Idee das Projekt in ein stärkeres energetisches Feld verlagert, folge dieser neuen Richtung. Der Anspruch, ein Kunstwerk zu kontrollieren, wäre ebenso albern wie der an eine Eiche, deinen Wünschen entsprechend zu wachsen.

Erlaube deinem Werk, in die Richtung zu wachsen, die es sich sucht, sich entsprechend seinem natürlichen Zustand zu entwickeln und ein Eigenleben zu haben. Genieße die Reise durch die Verwandlungen, bis sich die wahre Gestalt des Werks zeigt.

Eine falsche Abzweigung erlaubt dir,
Landschaften zu sehen,
die du sonst nicht gesehen hättest.

Aufbauarbeit

Ist der Samencode geknackt und seine wahre Gestalt entschlüsselt, verlagert sich der Prozess. Wir befinden uns nun nicht mehr im grenzenlosen Entdeckermodus. Ein klares Gespür für eine Richtung ist da.

Häufig geraten wir in die Aufbauphase, ohne es überhaupt zu bemerken. Jetzt ist das Konstruieren dran.

Wir arbeiten auf einem Fundament, das sich dank unseres Experimentierens offenbart hat. Der Grundriss steht. Nun geben wir die Farben hinzu.

Während die bisherigen Phasen freier und ergebnisoffen waren, sind die Inspirationen und Ideen, die jetzt auftauchen, direkter mit den aktuellen Herausforderungen verbunden. Wir suchen nun nach einer bestimmten Form, die genau passt, während wir vorher allgemein nach Formen suchten.

In gewisser Hinsicht ist die Aufbauphase eine der am wenigsten glamourösen des Künstlerdaseins. Zwar gehört auch Kreativität dazu, aber oft hat sie mehr von einem Maurerhandwerk als von der Magie des Forschens.

An diesem Punkt der Reise angelangt, tun sich manche schwer damit, weiterzumachen. Wir müssen uns vorübergehend vom offenen Feld abwenden und einer Art Wendeltreppe widmen, die 100 Stockwerke hoch ist. Ein langer, heikler Aufstieg liegt vor uns.

Vielleicht sind wir versucht umzukehren, um dem Nervenkitzel einer genialen Idee nachzujagen. Aber die ersten beiden Phasen haben für sich genommen nur wenig Sinn oder Bedeutung. Erst wenn die Künstlerin das Werk vollendet, kann sie sich weiterentwickeln, kann Kunst existieren.

⊙

Wie entscheiden wir, welches Experiment wir konkret ausbauen sollen?

Wir folgen nach wie vor den Spuren unserer Begeisterung. Wir müssen unseren eigenen Weg finden. Ziehen uns verschiedene Richtungen in ihren Bann, können wir erwägen, an verschiedenen Experimenten zugleich zu arbeiten. Die Auseinandersetzung mit mehreren Projekten bringt häufig ein gesundes Gefühl von Abstand mit sich.

Bist du auf eine einzige Sache fixiert, ist der Tunnelblick nicht weit. Vielleicht glaubst du, das Projekt würde sich in die richtige Richtung bewegen, in Wahrheit bist du aber zu sehr darin verstrickt, um dies beurteilen zu können.

Erst ein wenig Abstand und ein frischer Blick bringen klare Erkenntnisse darüber, wie die nächsten Schritte aussehen müssen. Der Wechsel zu anderen Projekten wird andere Muskeln und Denkmuster aktivieren und Wege aufzeigen, die du andernfalls übersehen hättest. Und das zieht sich vielleicht über Tage, Wochen, Monate oder Jahre hin.

Schon in einer einzigen Arbeitseinheit kann es hilfreich sein, sich mehreren Projekten zu widmen.

Ebenso gibt es Zeiten, in denen ein einziges Samenkorn so viel Kraft enthält, dass du beschließt, dich ausschließlich darauf zu konzentrieren. Die Entscheidung liegt bei dir.

In der Experimentierphase haben wir den Samen gesetzt, gewässert und der keimenden Pflanze Zeit geschenkt, an der Sonne zu wachsen. Wir haben der Natur ihren Lauf gelassen. In dieser dritten Phase bringen wir uns selbst ins Projekt ein und schauen, was wir zu bieten haben.

Das ist einer der Gründe, weshalb die Grenze zwischen der Experimentierphase und der Aufbauphase nicht linear verläuft. Wir wechseln oft zwischen beiden hin und her, da unser Beitrag nicht immer mit dem mithalten kann, was die Natur zu bieten hat. Sobald uns das auffällt, halten wir inne und kehren dahin zurück, wo die Natur Halt gemacht hatte.

Während es in der Experimentierphase um das geht, was das Samenkorn zu bieten hat, kommt jetzt unser eigener Filter zum Tragen. Wir überdenken die Gesamtheit unserer Erfahrungen in der Welt und suchen nach Verbindungen: Woran erinnert uns dies alles, woran können wir es messen, welchen Bezug können wir zu dem herstellen, was uns im Lauf unseres Lebens begegnet ist?

In dieser Phase fangen wir mit einem Projekt an, das sich auf natürliche Weise entwickelt hat. Wir erkennen sein Potenzial. Und überlegen, was wir hinzufügen, wegnehmen oder zusammenführen können, um es weiterzuentwickeln.

Doch geht es in der Aufbauphase nicht einfach nur um ein Aufbauen. Es geht auch um ein Loslassen. Die Weiterentwicklung des Werks wird ebenso durch kleine Schnitte erreicht. Wir entscheiden, welche Details und Richtungen beseitigt werden sollten, damit wir mehr Energie und Konzentration auf die Kernelemente lenken können.

⊙

Die Aufbauphase kann, muss aber nicht schwierig sein. Es gibt Künstlerinnen, deren Fokus mehr auf der Formalisierung als auf der Ausführung einer Idee liegt. Und bei manchen Projekten geht es in dieser Phase sogar um ein Outsourcing.

Viele von Andy Warhols Bildern wurden von anderen Künstlern und von Maschinen hergestellt – er lieferte die Ideen und behielt das Urheberrecht. Die eine oder andere berühmte kalifornische Rockband der 60er-Jahre spielte die eigenen Alben nicht selbst ein. Und manch erfolgreiche Autorin erfindet nur die Charaktere und Handlungsstränge und überlässt es dann anderen, den Text auszugestalten.

Wenn es darum geht, diese arbeitsintensiven Aspekte des Prozesses selbst auszuführen, ist das keine Frage von Richtig oder Falsch. Es hängt vom Projekt ab. Bleib offen in deiner Bereitschaft, alles Notwendige zu tun, damit die Kunst so gut werden kann, wie es irgend geht – ob das nun bedeutet, dich mehr auf die Details des Prozesses zu konzentrieren oder einen größeren Abstand einzunehmen.

Bei einigen seiner Projekte spürt der Künstler vielleicht das Bedürfnis nach einer Beteiligung am gesamten Arbeitsprozess. Der physische Schaffensakt schenkt ihm ein besseres Verständnis für die Kunst und eine direktere Kontrolle über die Details. Anderen Projekten ist dagegen mehr gedient, wenn die Künstlerin in dieser Phase wie eine Dirigentin oder Designerin handelt und andere bei der Arbeit anleitet.

Der konkrete Akt des Aufbauens kann zwar abschrecken, zugleich aber als weitere Gelegenheit zu spielen verstanden werden. Für manche Künstler ist es der Teil des Prozesses, den sie am liebsten mögen. Eine Reihe von Anweisungen zu befolgen, um etwas Gegenständliches, Wunderschönes zu erschaffen, lässt eine natürliche Freude und ein Gefühl der Erfüllung entstehen. Die Liebe und Sorgfalt, die sie in diese Phase stecken, kann man dem fertigen Werk deutlich ansehen.

Dynamik

Halten wir es in der Aufbauphase so wie in den früheren Phasen und setzen uns weder Grenzen noch Deadlines, dann dehnen wir sie womöglich länger aus als nötig.

Sind erst einmal genügend Daten gesammelt und die Vision ist klar, könnte es helfen, eine Frist zu setzen. Die Optionen sind jetzt nicht mehr unbegrenzt, der Prozess nicht mehr so ergebnisoffen. Die Kernelemente sind da, auch wenn vielleicht noch keine klare Ziellinie in Sicht ist.

Stell dir vor, du hast ein Skript, das in ein Storyboard übertragen worden ist. Der Weg von diesem zum fertigen Film ist in gewisser Weise ein mechanischer Vorgang. Natürlich sind Kunst und Inspiration im Spiel und jede Menge Entscheidungen zu treffen, aber der Weg ist klar. Die Parameter deiner kreativen Aufgabe sind jetzt enger gesteckt.

Wenn dir dein Entwurf gefällt, gibt es viele Konstruktionsmöglichkeiten. Solange du dich immer wieder an den

Originalplan erinnerst und sicherstellst, dass das Projekt genauso gut wird, können unterschiedliche authentische Versionen entstehen. Die Kraft wird von der darunterliegenden Struktur gehalten.

Handelt es sich bei dem Projekt um ein Bauwerk, kannst du die Materialien für die Verkleidung und die Art der Fenster aussuchen. Vielleicht hast du eine Vorliebe, aber das Gebäude wird seine Integrität wahren. Die Details sind wichtig, doch sie werden das Unterfangen nicht scheitern lassen.

In der Aufbauphase sind Deadlines nicht in Stein gemeißelte, sondern eher empfohlene Fristen. Es gibt immer noch Überraschungs- und Erkundungselemente bei der Ausführung, und wir können jederzeit wieder in der Experimentierphase landen.

Vielleicht gibt der Künstler während des Schaffensprozesses äußerem Druck für einen festen Veröffentlichungstermin nach. Vorbereitungen werden getroffen. Außenstehende werden informiert. Und dann taucht, während er fleißig auf die Fertigstellungsphase hinarbeitet, plötzlich eine völlig neue, viel bessere Richtung auf. Doch nun fehlt ihm die Zeit, ihr nachzugehen, was zu einem unbefriedigenden Ergebnis führt.

Ziel der künstlerischen Tätigkeit ist es, nicht einfach zu produzieren, sondern das bestmögliche Werk zu erzeugen. Ein Unternehmen denkt in Kategorien wie Quartalsgewinnen oder Produktionszeitplänen. Die Künstlerin denkt in Kategorien zeitloser Qualität. Setze dir in der Aufbauphase zur eigenen Motivation Fristen, die du anderen nicht unbedingt mitteilst, es sei denn, das hilft dir, sie einzuhalten.

Erst wenn diese Phase dem Ende zugeht, kannst du anfangen, an verbindliche Deadlines zu denken.

Das Schaffen an sich enthält ein Paradoxon. Um unser Bestmögliches zu geben, sind wir geduldig und vermeiden Eile im Prozess, doch zugleich arbeiten wir schnell und ohne Verzug.

Bei zu langem Verweilen in dieser Phase lauern einige Fallen. Eine ist der Abbruch der Verbindung. Schafft ein Künstler ein wunderbares Werk und dehnt die Aufbauphase unnötig lange aus, kann es passieren, dass er plötzlich wieder ganz von vorn anfangen möchte, weil er inzwischen ein anderer ist oder die Zeiten sich geändert haben.

Kunst ist ein Spiegel der inneren und äußeren Welt der Künstlerin während ihrer Arbeit daran. Eine Verlängerung der Schaffenszeit macht es ihr schwerer, einen Seinszustand zu erfassen. Daraus kann ein Verlust an Verbindung und Begeisterung für das Werk entstehen.

Eine weitere Herausforderung könnten wir als Entwurfsverliebtheit bezeichnen. Es passiert dann, wenn der Künstler zu lange und zu eng an seinem ersten Entwurf festgehalten hat.

Je häufiger sich eine Künstlerin einer bestimmten Version ihrer Arbeit aussetzt, desto größer wird die Gefahr, dass sie sich davon nicht mehr zu lösen vermag. So etwas passiert, wenn sie zu lange mit dem unfertigen Projekt lebt. Da nimmt eine Musikerin zum Beispiel einen Song rasch als Demo auf. Dann hört sie ihn sich zigmal an und stellt sich vor, was sie alles daraus machen könnte. Doch wenn es schließlich tatsächlich darum geht, die beste Version des Stücks herzustellen, ist die Demoaufnahme schon so in ihrem Kopf verankert, dass ihr jede Veränderung wie ein Sakrileg vorkommt. Hängen wir uns zu sehr an eine unreife Version unserer Arbeit, behindern wir die Entfaltung des gesamten Potenzials unseres Projekts.

Es gibt eine ganz einfache Technik zur Vermeidung dieser Entwurfsverliebtheit. Wir hören uns unsere Arbeit nicht an, lesen sie nicht, spielen sie nicht ab, schauen sie nicht an und führen sie Freunden nicht vor, es sei denn, wir arbeiten gerade konkret und aktiv an einer Verbesserung. In der Aufbauphase treiben wir unser Projekt so weit voran, wie es uns möglich ist. Dann nehmen wir wieder Abstand, um das unfertige Werk nicht ständig zu konsumieren. Indem wir unser Work-in-Progress nicht als Standardversion verstehen, lassen wir Raum für Wachstum, Veränderung und Weiterentwicklung.

Denk dran, dass auch Großes sehr schnell entstehen kann. Vielleicht benötigt ein Künstler nur fünf Minuten, um die Idee für ein Projekt aufzuschreiben, und hält zunächst nicht viel davon. Er kann durchaus spüren, dass in diesem Samenkorn Großes steckt, und verbringt Stunden oder Jahre damit, es weiterzuentwickeln. Dabei ist es genauso möglich, dass der erste Entwurf, das erste Demo, entstanden in kaum fünf Minuten, bereits die beste Version, der reinste Ausdruck des Samenkorns war. Aber das begreifen wir erst, wenn wir ihn bearbeitet oder eine Weile Abstand genommen haben.

Ein weiteres Hindernis, dem manche begegnen, besteht darin, dass ihre Vision die eigene Fähigkeit übersteigt, sie zu verwirklichen. Sie hören das Schlagzeugensemble, aber der Rhythmus ist komplexer, als sie ihn spielen können. Sie stellen sich den Tanz vor, aber ihr Körper kann die Bewegungen nicht anmutig genug ausführen. Der nächste Schritt scheint ein unmöglicher Sprung zu sein.

In solchen Augenblicken fühlt man sich schnell entmutigt. Wir verwechseln die Fantasieversion des Werks, die wir im Kopf haben, mit den realen Möglichkeiten. Natürlich lässt sich die geistige Vorstellung von einem Werk mitunter fast direkt in die physische Welt übertragen. Ebenso kann es sich aber um eine unrealistische, idealisierte Vorstellung handeln. Und manchmal dient unsere Vision als Ziel, auf das wir hinarbeiten, doch im Prozess stellen wir fest, dass wir an einen ganz anderen, unerwarteten Punkt gelangen werden.

Scheiterst du an der größeren Vision, dann gibt dies dem Werk womöglich genau den Platz, an dem es sein möchte. Lass dich von deiner Vorstellung nicht abhalten, etwas Praktischeres zu verwirklichen. Vielleicht stellst du fest, dass diese Version besser ist als die ursprüngliche, scheinbar nicht umsetzbare Vision.

Bist du in der Aufbauphase gerade gut im Schwung, dann erarbeite einen vollständigen ersten Entwurf. Behalte die Dynamik bei. Wenn du mit einem Teil des Werks Schwierigkeiten hast, halte nicht krampfhaft daran fest. Auch wenn du instinktiv lieber der Reihe nach vorgehen würdest, mach erst die anderen Teile fertig, bevor du zu der Stelle zurückkommst, an der du stecken geblieben warst.

Manchmal offenbaren sich Lösungen für diese schwierigen Stellen, sobald sich der Gesamtzusammenhang zeigt. Eine Brücke lässt sich leichter bauen, wenn klar ist, was sich an den Brückenköpfen befindet.

Es kann sich erdrückend anfühlen, wenn du irgendwo in der Mitte feststeckst. In dieser Lage bietet diese Vorgehensweise einen weiteren Vorteil. Machst du erst den Rest des Entwurfs fertig und kehrst dann zu dem übersprungenen Teil zurück, ist dieser leichter zu bewältigen, da du jetzt nur noch fünf oder zehn Prozent des Projekts vor dir hast. Ist das Ende in Sicht, bist du motivierter, es fertigzustellen.

Wenn du mit dem Innenteil eines Puzzles in der Hand auf eine leere Tischplatte starrst, wirst du kaum entscheiden können, wohin es gehört. Ist das gesamte Puzzle bis auf dieses eine Teil fertig, findest du seinen Platz sofort. Dasselbe gilt gemeinhin für die Kunst. Je mehr von einem Werk sichtbar ist, desto leichter wird es, die letzten Details anmutig dort zu platzieren, wo sie hingehören.

In der Kunst entscheidest du dich,
etwas gekonnt zu tun,
die Details ernst zu nehmen und
dich ganz und gar hineinzugeben,
damit du das Beste zuwege bringst, was dir möglich ist.
Jenseits von Ego und Eitelkeit, von jeder
Selbstverherrlichung und dem Bedürfnis nach
Anerkennung.

Sichtweise

Ziel der Kunst ist es nicht, Perfektion zu erlangen, sondern miteinander zu teilen, wer wir sind. Und wie wir die Welt sehen.

Künstler ermöglichen uns, zu sehen, was wir nicht sehen können, aber irgendwie bereits wissen. Das kann eine Sichtweise auf die Welt sein, die sich ganz und gar von unserer eigenen unterscheidet. Oder unserer so ähnelt, dass es uns wie ein Wunder vorkommt: als würde die Künstlerin die Welt mit unseren Augen sehen. In beiden Fällen erinnert uns die Wahrnehmung des Künstlers daran, wer wir sind und wer wir sein können.

Kunst fasziniert und berührt uns, weil sich Menschen so ähnlich sind. Die Anziehungskraft entsteht durch die gemeinsame Erfahrung, die in einem Werk enthalten ist. Dazu gehört auch seine Unvollkommenheit. Wir erkennen einen Teil von uns darin und fühlen uns verstanden. Und verbunden.

Carl Rogers hat einmal gesagt: »Das Persönlichste ist

das Allgemeinste.«* Es ist das Persönliche, das der Kunst eine Bedeutung verleiht. Es ist unsere Sichtweise und nicht das Zeichentalent, die musikalische Virtuosität oder die Fähigkeit, eine Geschichte zu erzählen.

Schau dir den Unterschied zwischen der Kunst und den meisten anderen Berufen an. In der Kunst ist unser Filter der entscheidende Arbeitsfaktor. In der Wissenschaft oder Technik geht es um anderes. Wir erschaffen Kunst nicht mit der Absicht, etwas für andere Nützliches herzustellen. Wir erschaffen etwas, um auszudrücken, wer wir sind. Wer wir sind und an welchem Punkt unserer Reise wir stehen.

Unsere Sichtweise muss nicht stimmig sein. Und nur selten ist sie einfach. Wir können zu einer Vielzahl von Themen verschiedene, manchmal auch widersprüchliche Standpunkte einnehmen. Es ist unrealistisch und einschränkend, alles auf einen einzigen eleganten Ausdruck reduzieren zu wollen.

Ganz egal, welche Perspektive wir einnehmen – solange wir sie unverändert und unverfälscht teilen, erfüllen wir den wesentlichen Sinn von Kunst.

Wenn wir Kunst machen, schaffen wir einen Spiegel, in dem andere ihr eigenes verborgenes Spiegelbild sehen können.

* Carl Rogers: *Entwicklung der Persönlichkeit,* Stuttgart 1973, S. 41: »What is most personal is most general.«

Eine Sichtweise ist etwas anderes als eine Idee.

Eine Idee ist etwas, das man bewusst ausdrücken will. Eine Sichtweise ist die – bewusste und unbewusste – Perspektive, aus der das Werk entsteht.

Nur selten bemerken wir ein Kunstwerk aufgrund der Idee, die dahintersteht. Wir fühlen uns zu der Art und Weise hingezogen, auf die der künstlerische Filter Ideen bricht, nicht zu den Ideen selbst.

Du brauchst deine Sichtweise nicht zu kennen. Sie ist ohnehin da, arbeitet im Hintergrund und entwickelt sich ständig weiter. Versuche, absichtlich eine Sichtweise zu porträtieren, führen häufig zu einem falschen Bild. Wir halten an Geschichten darüber fest, die unzutreffend und beschränkt sind.

Wenn du eine Orange auspresst, so der Psychologe Wayne Dyer, kommt Orangensaft heraus. Wirst du ausgepresst, kommt heraus, was in dir steckt. Und ein Teil dieses Extrakts ist deine Perspektive, die dir nicht einmal bewusst ist. Sie steckt in der Kunst, die du machst, und in den Überzeugungen, die du mit anderen teilst.

Im Rückblick, lange nach Fertigstellung eines Werks, können wir vielleicht unsere wahre Sichtweise darin erkennen.

Wir müssen uns nicht darum bemühen, eine besondere Vorstellung von unserem Werk zu entwickeln. Sie wird sich zum rechten Zeitpunkt zeigen und steckt bereits in dem unschuldigen Wahrnehmungs- und Schaffensvorgang. Dieses Wissen hat etwas Befreiendes und mindert den Druck. Wir brauchen uns weniger Sorgen darüber zu machen, ob wir verstehen, warum etwas funktioniert, oder ob andere verstehen, woher wir kommen. Wir können einfach präsent sein und das Material durch uns hindurchfließen lassen, ohne uns einzumischen.

Die eigentliche Größe von Kunst empfinden wir meist aus dem Bauch heraus. Dein Selbstausdruck ermöglicht es dem Publikum, sich auszudrücken. Wenn dein Werk jemanden anspricht, ist es unerheblich, ob er dich hört und versteht.

Lass alle Bedenken darüber fallen, wie deine Arbeit wahrgenommen wird. Solche Gedanken wirken bloß störend auf Kunst und Publikum. Die meisten Menschen wollen nicht gesagt bekommen, was sie denken oder fühlen sollen.

Große Kunst entsteht durch Freiheit im Selbstausdruck und schenkt dem Publikum die Freiheit individueller Interpretation.

Große Kunst eröffnet das Gespräch, sie beendet es nicht. Und häufig geschieht das zufällig.

Die meisten Menschen passen sich gern an.

Nicht nur an das sich weiterentwickelnde, sie durchströmende Material, sondern auch an die Grenzen und Schablonen der Kultur, die uns umgibt.

Doch kann große Kunst aus Konformität entstehen? Und welchen Sinn hat ein Künstlerdasein, wenn wir unsere einzigartige persönliche Sichtweise verleugnen?

Die unter uns, die sich für ein Leben als Künstlerin entscheiden, betrachten ihren Filter als Geschenk. Ihn zurückzuweisen wäre tragisch. Das Licht, das gebrochen durch ihn hindurchfällt, ist unsere einzigartige Landschaft künstlerischer Möglichkeiten. Wie könnte ein Kunstwerk je etwas sein, wozu man nicht stehen könnte?

⊙

Die Beatles ließen sich vom amerikanischen Rock 'n' Roll inspirieren, von Künstlern wie Chuck Berry und The Shirelles. Aber wenn sie spielten, kam etwas anderes dabei heraus. Es war nicht anders, weil sie es so wollten, sondern weil sie anders waren. Und die Welt sprach darauf an.

Es gibt unzählige Beispiele für Nachahmungen, die sich als echte Innovation herausstellten. Mit einer romantisierten Vision von einer Künstlerin, einem Genre oder einer Tradition kannst du vielleicht etwas Neues schaffen, weil du es aus einer anderen Perspektive siehst als diejenigen, die näher dran sind. Sergio Leones Spaghetti-Western wirken im Vergleich zu den amerikanischen Western der

1940er- und 1950er-Jahre, die er spiegeln wollte, abstrakt-psychedelisch und mythologisch.

Es ist unmöglich, die Sichtweise eines anderen Künstlers zu imitieren. Du kannst höchstens im selben Wasser schwimmen. Kopiere also ruhig die Werke, die dich auf der Suche nach deiner eigenen Stimme inspirieren. Diese Tradition hat sich bewährt.

⊙

In der Kultur findet immer ein Dialog zwischen Vergangenheit, Gegenwart und Zukunft statt, selbst wenn die Einflüsse nicht klar zutage treten. Als Kulturschaffende und Kulturbegeisterte teilen und empfangen wir Sichtweisen, um an diesem Austausch mitzuwirken und ihn zu fördern.

Wenn wir etwas Neues hören, gibt uns dies Aufschluss darüber, wo wir waren und wohin wir noch gehen könnten. Vielleicht haben wir gedacht, wir könnten uns nur nach vorn bewegen. Wenn nun aber jemand links abbiegt, zeigt uns das, dass wir auch nach rechts gehen könnten. Und dann wird unser Rechtsabbiegen vielleicht wieder jemand anderen dazu inspirieren, eine ganz neue Richtung einzuschlagen.

Es ist ein symbiotischer Kreislauf. Die Kultur beeinflusst, wer wir sind. Und wer wir sind, beeinflusst unsere Arbeit, die wiederum in die Kultur einfließt.

Diesen beständigen Aufbruch ins Unbekannte gäbe es

ohne den gleichzeitigen Austausch von Millionen unterschiedlicher Sichtweisen nicht.

Selbstausdruck in der Welt und Kreativität sind ein und dasselbe. Vielleicht können wir gar nicht wissen, wer wir sind, wenn wir es nicht auf irgendeine Weise ausdrücken.

Die Gleichförmigkeit durchbrechen

Es gibt Zeiten in der Aufbauphase, in denen sich die Arbeit nicht weiter verbessert – du bist an einem toten Punkt angelangt. Bevor du das Stück jedoch ganz beiseitelegst, suche nach einem Weg, auf dem du die Gleichförmigkeit durchbrechen und deine Begeisterung an dem Werk neu entdecken kannst, als würdest du dich zum ersten Mal damit befassen.

Im Aufnahmestudio habe ich zu diesem Zweck ein paar Übungen parat, die wir ohne bestimmte Erwartungen ausprobieren. Sie sollen einfach nur die Begeisterung neu entfachen und den Weg zu neuen Ausdrucksmöglichkeiten bahnen.

Hier folgen einige dieser Übungen. Vielleicht können sie dich zu ähnlichen Experimenten in deinem Arbeitsfeld inspirieren, ganz egal, ob du gerade irgendwo hängen geblieben bist oder nicht.

Kleine Schritte

Um einem Musiker, der gerade nicht weiterkam, wieder auf die Sprünge zu helfen, schlugen wir ihm vor, jeden Tag eine einzige Notenzeile zu komponieren – nur eine Zeile, egal ob sie ihm gefiel oder nicht. Mehr wäre nicht notwendig, aber auch in Ordnung. Weil er das, was ihm unüberwindbar schien, in einzelne Zeilen aufteilte, fand er erneut Zugang zu seinem kreativen Kanal, bis er schließlich – und viel schneller als erwartet – wieder ganze Songs komponierte.

Eine äußere Veränderung

Wenn wir in der Musik nach einer andersgearteten Ausführung suchen, kann es helfen, ein Element im Umfeld zu verändern. Indem du das Licht ausmachst und im Dunkeln spielst, verschiebt das vielleicht etwas im Bewusstsein, und die Kette der Gleichförmigkeit von Ausführung zu Ausführung wird gesprengt. Ein andermal haben wir einer Sängerin, die sonst immer vor dem eingehängten Mikrofon stand, vorgeschlagen, das Mikro selbst in der Hand zu halten, oder wir haben morgens früh statt spätabends aufgenommen. Ein Sänger beschloss, sich beim Singen kopfüber hängen zu lassen, um stimmlich weitere Variationsmöglichkeiten zu gewinnen.

Den Einsatz verändern

Neben einer äußeren Umgebung kannst du natürlich auch etwas an den inneren Voraussetzungen ändern. Wenn eine Band sich vorstellt, dass sie einen bestimmten Song zum allerletzten Mal spielt, wird sie ihn wahrscheinlich anders interpretieren, als wenn es sich nur um ein weiteres Take handelt. Im Gegensatz dazu kann auch eine Probe, bei der nicht so viel auf dem Spiel steht wie bei der eigentlichen Aufnahme, die beste Leistung hervorbringen.

Publikum einladen

Wenn ein Künstler gern auf der Bühne steht, laden wir zum Beispiel Leute zur Session ein. Fühlt er sich beobachtet, ändert sich sein Verhalten. Schon eine einzige außenstehende Person kann das bewirken. Die meisten Künstler neigen in Gegenwart anderer zu erhöhter Konzentration, nur manche übertreiben es mit ihrer Performance vor Publikum oder bremsen sich dann zu sehr aus. Selbst wenn deine Kunst nicht performativ sein sollte, wenn du also zum Beispiel schreibst oder kochst, wird sich das wahrscheinlich anders anfühlen, wenn dir jemand dabei zuschaut. Es geht darum, jeweils die spezifischen Parameter herauszufinden, die das Beste aus dir herausholen.

Den Kontext verändern

Manchmal findet eine Sängerin keine Verbindung zu einem bestimmten Song, so wie einer Schauspielerin beim Proben vielleicht noch der rechte Ausdruck fehlt. Hier kann es hilfreich sein, den Songtext mit einer neuen Bedeutung oder einer Hintergrundgeschichte zu versehen. Ein Liebeslied klingt anders, wenn es an einen längst verlorenen Seelengefährten gerichtet ist, an einen Partner, mit dem du 30 Jahre gelebt hast und dich nicht mehr verstehst, an eine Person, die du auf der Straße gesehen, aber nie angesprochen hast, oder an die eigene Mutter.

Einem Künstler schlug ich einmal vor, einen für eine Frau geschriebenen Liebessong stattdessen als Gottesandacht zu singen. Ohne Text oder Melodie im Geringsten zu verändern, können wir ganz verschiedene Interpretationen ausprobieren und uns aussuchen, welche Version zur besten Performance führt.

Die Perspektive verändern

Manchmal arbeiten wir im Studio mit der Technik, die Kopfhörerlautstärke extrem aufzudrehen. Wenn jeder Ton, den man spielt, in den Ohren förmlich explodiert, nimmt man sich automatisch deutlich zurück, um das Gleichgewicht wiederherzustellen. Das ist ein erzwungener Perspektivwechsel, der eine sehr einfühlsame Performance hervorbringen kann. Selbst der Gesang wird nur noch geflüstert, denn alles andere wäre erdrückend. Wenn ich Leute dagegen dazu bringen will, lauter zu singen, bitte ich sie im Umkehrschluss, die Gesangslautstärke im Kopfhörer herunterzudrehen, damit sie ihre Stimme von der Instrumentalmusik übertönt hören. Unabhängig von der konkreten Situation kann man angesichts einer herausfordernden Aufgabe einen Weg finden, um die Umgebung so zu gestalten, dass sie auf natürliche Weise zur erstrebten Performance ermutigt.

Ob die Beleuchtung bei einem Konzert so eingestellt ist, dass der Künstler die Menge und die Gesichter darin sieht, oder so, dass er überhaupt niemanden sehen kann, wird seine Performance entsprechend beeinflussen. Verwendet eine Künstlerin Monitoring-In-Ear-Kopfhörer und hört nur die Musik, die sie spielt, nicht aber die Reaktionen des Publikums, wird das eine ganz andere Wirkung haben, als wenn auch die tobende Menge beigemischt ist. Es lohnt sich, mit verschiedenen Szenarien zu experimentieren und ihre jeweilige Wirkung zu beobachten, damit man die gewünschte Performance finden kann.

Für jemand anderen schreiben

Musikern, die ihre Stücke gewöhnlich selbst komponieren, empfehle ich gern: »Stell dir vor, ein Künstler, den du bewunderst, würde dich bitten, einen Song für sein nächstes Album zu schreiben. Wie würde dieser Song klingen?«

Indem man etwas schafft, das man gern von seiner

Lieblingsmusikerin hören würde, entpersonalisiert man den Vorgang. Das ermöglicht es dem Autor, sich frei zu machen von sich selbst. Der Song »(You Make Me Feel Like) A Natural Woman«, der als Inbegriff weiblicher Ermächtigung gilt, stammt von Carole King und Gerry Goffin. King – und später natürlich Aretha Franklin – hat ihn gesungen. Ich war überrascht, als ich hörte, dass Goffin den Text und King die Musik geschrieben hatte.

Manchmal bitte ich die Musikerin, eine Künstlerin auszuwählen, deren Texte und Einstellung sich sehr von den eigenen unterscheiden, um die Gleichförmigkeit zu durchbrechen, die sich im Lauf einer Karriere einstellen kann. Ist ein Künstler normalerweise ein echter Prahler, nehmen wir vielleicht einen verletzlicheren, ruhigeren Songwriter und Texter. Wenn du gern im Stil X schreibst, könnte es interessant sein, eine Künstlerin zu wählen, die das genaue Gegenteil von Stil X ist. Was nicht bedeutet, dass der Song gut sein muss. Es kommt nur darauf an, wohin dieser Zwischenschritt dich führt. Manchmal nämlich genau in deine Richtung.

Wie die anderen Übungen lässt sich diese auf jede Disziplin anwenden. Bist du Maler, kann ein originales neues Werk deiner Lieblingsmalerin einen Kanal öffnen und zu interessanten Ergebnissen führen. Viele Künstler haben eine bestimmte Vorstellung von dem, was in ihr Atelier gehört, und das bedeutet letztlich eine Einschränkung. Daher ist es hilfreich, einmal aus sich selbst herauszutreten und sich in ein fremdes Atelier zu begeben.

Eine bildliche Vorstellung hinzufügen

Als ich einmal mit einer Band an einem Album arbeitete, gab es Probleme mit dem Keyboardsolo, das die Stimmung nicht recht treffen wollte. Wir brauchten etwas Grandioseres. Anstelle eines musikalischen Bezugs entwickelten wir ein Bilderszenario und beschrieben die Folgen einer Schlacht: »Stell dir vor, da ist ein schöner grüner Hügel mit Bäumen und Pflanzen, einfach atemberaubend schön, und es hat gerade eine Schlacht stattgefunden. Durch den Rauch, der vom Hügel aufsteigt, sind verwundete Soldaten zu erkennen, die verstreut daliegen und auf Hilfe warten.« Nachdem wir die Szene sehr anschaulich ausgemalt hatten, sagten wir: »Spiel das Solo genauso!«, und drückten auf *Aufnahme*. Jetzt spielte der Keyboarder wunderbar.

Seitdem haben wir diese Technik immer wieder angewendet. Häufig wissen wir nicht einmal, worin genau der Zusammenhang zwischen dem Bild und dem besteht, was wir hören wollen. Es gibt einer mäandernden Melodie oft einen kräftigeren Einschlag, wenn man anfängt, mit einem bestimmten Bild im Kopf zu spielen, oder sich vorstellt, dass man einen Film vertont.

Die Information begrenzen

Wenn ein Songwriter ein Demo eines Stücks für eine Aufnahme ans Studio sendet, möchte ich nicht, dass die Band in irgendeiner Weise von den musikalischen Entscheidungen, die für das Demo getroffen wurden, beeinflusst wird. Also lasse ich es in der Regel nur einen Musiker, meist einen Gitarristen, anhören, damit er sich die Akkorde einprägt, sie auf dem Textblatt notiert und dieses dann an die Bandmitglieder weitergibt.

Als Nächstes nehmen Gitarrist und Sängerin den Song auf, ohne dass ein Rhythmus vorgegeben wäre, er ergibt sich nun einzig durch das Tempo, in dem sie ihn ausführen.

Arbeitet man mit richtig guten Musikerinnen, dann schenkt ihnen dies die nötige Freiheit, sich selbst einzubringen. Statt eine gute Version des Demos aufzunehmen, werden sie die ganze Bandbreite ihrer Kreativität und Entscheidungsfähigkeit nutzen und dem Song eine neue, häufig unerwartete Wendung geben. Sind die Ergebnisse nach verschiedenen Ansätzen nicht so toll, können sie sich das Demo immer noch anhören, was allerdings nur selten vorkommt.

Das Grundprinzip besteht darin, die Menschen, mit denen wir arbeiten, zu schützen und sie von Einflüssen fernzuhalten, die ihren kreativen Prozess stören könnten. Wir beschränken die Informationen auf das Allernötigste. Wenn du willst, dass Kreative sich komplett in eine Sache einbringen, musst du ihnen die größtmögliche Freiheit geben. Stellst du einem Drehbuchautor ein Buch, eine Skizze oder einen Satz zur Verfügung, damit er sie in ein Skript verwandelt, wird jedes davon ein völlig anderes Drehbuch ergeben.

Diese Übungen sind nicht in Stein gemeißelt. Es geht darum, verschiedene Perspektiven oder Voraussetzungen herzustellen und zu schauen, zu welchem Ergebnis du oder deine Mitstreiter gelangen. Vielleicht hast du Ideen, wie du diese Übungen abwandeln willst. Auf alle Fälle kannst du, wenn du sie unverändert anwendest, während der Arbeit die Parameter anpassen oder sie gegebenenfalls auch ganz fallen lassen. Die eigentlichen Übungen spielen kaum eine Rolle. Ihr Zweck besteht darin, eine Struktur zur Überwindung deiner üblichen Methodik zu schaffen, damit du neue Wege findest.

Fertigstellung

In der Aufbauphase verbessert sich das Werk immer weiter, bis irgendwann der Punkt kommt, an dem wir alle Optionen, die uns zur Verfügung stehen, ausreichend erforscht haben.

Die Saat hat ihren vollen Ausdruck erreicht, und du hast sie zu deiner Zufriedenheit gestutzt. Es gibt nichts mehr hinzuzufügen oder zu streichen. Die Essenz des Werks liegt offen zutage. Ein solcher Moment ist erfüllend.

Von hier aus gehen wir in die letzte Phase des kreativen Prozesses über.

In der Fertigstellungsphase lassen wir das Entdecken und Konstruieren hinter uns. Mit einer schönen Menge an bereits konstruiertem Material verfeinern wir die endgültige Form, damit wir sie der Welt übergeben können.

Der letzte Schliff und die Feinabstimmung sind bei jedem Projekt anders. Das kann etwas so Einfaches sein wie das Aufsetzen eines Bilderrahmens, die Farbkorrektur eines Films, die klangliche Feinabstimmung eines Songs oder der letzte Durchgang eines Manuskripts, um uns nochmals der Genauigkeit der Formulierungen zu versichern.

Wie bei den anderen Phasen gibt es auch in der Fertigstellungsphase keine klare Ziellinie auf unserer Reise. Bei der Vorbereitung unserer Arbeit für die Veröffentlichung stellen wir vielleicht fest, dass es noch mehr zu tun gibt: eine Überarbeitung, eine Ergänzung, eine Streichung oder sonstige Änderung. In dem Fall gehen wir noch einmal einen Schritt zurück in die Aufbauarbeit oder ins Experimentieren und arbeiten uns erneut durch den Prozess hindurch.

Die Fertigstellungsphase können wir uns wie einen letzten Halt am Fließband vorstellen, wo das fertige Stück geprüft und sichergestellt wird, dass es den höchsten Ansprüchen genügt. Tut es dies nicht, geht es zurück in die vorherige Verarbeitungsstufe, um dort nachgebessert zu werden. Erst dann geben wir es frei und gehen zum nächsten Kapitel unseres Lebenswerks über – was auch immer das sein mag.

⊙

Sobald du spürst, dass sich dein Projekt dem Ende nähert, kann es hilfreich sein, das Werk anderen Blicken freizugeben.

Dabei geht es nicht vorrangig um das Einholen von Kommentaren oder Meinungen. Es ist dein Werk, dein

Ausdruck. Du bist das einzig wichtige Publikum. Es geht vielmehr darum, dass du das Werk noch einmal ganz neu erlebst.

Wenn wir für jemand anderen Musik spielen, hören wir sie anders, als wenn wir alleine sind. Es ist, als würden wir uns ein zweites Paar Ohren ausleihen. Wir suchen nicht unbedingt nach einer Außensicht. Wir wollen die eigene Perspektive erweitern.

Wenn wir einen Essay schreiben und einem Freund zum Lesen geben, verändert sich unsere Beziehung zu der Arbeit, schon bevor wir seine Meinung gehört haben. Liest ihn eine Mentorin, verschiebt sich unsere Perspektive noch einmal anders. Wir hinterfragen uns, wenn wir unser Werk anderen vorlegen. Und stellen uns all die Fragen, die wir beim Machen versäumt haben. Schon ein derart begrenztes Teilen bringt unsere unterschwelligen Zweifel ans Licht.

Gibt dir jemand sein Feedback, dann versuche den Menschen zu verstehen, beziehe es nicht auf das Werk. Die Leute sagen dir damit mehr über sich selbst als über deine Kunst. Jeder und jede von uns sieht die Welt anders.

Mitunter trifft ein Kommentar ins Schwarze, berührt etwas, das wir bereits bewusst oder unbewusst gespürt haben, und zeigt uns, was wir noch verbessern können. Ein andermal trifft eine Beurteilung einen Nerv, sodass wir plötzlich meinen, unsere Arbeit verteidigen zu müssen, oder gar den Glauben daran verlieren.

In solchen Momenten sollten wir einen Schritt zurücktreten, uns neu ausrichten und mit neutralem Blick wieder herangehen. Kritik ermöglicht uns eine ganz neue Auseinandersetzung mit unserem Werk. Wir können damit einverstanden sein oder uns unseres ursprünglichen Instinkts nur umso sicherer werden.

Manchmal wird uns dank einer Herausforderung klar, dass ein bestimmter Aspekt des Projekts wichtiger ist, als wir dachten. Wir konzentrieren uns nun besonders auf ihn und gelangen zu einem tieferen Verständnis der Arbeit und unserer selbst.

Beim Einholen von Feedback kommen uns die angebotenen Lösungen vielleicht nicht immer hilfreich vor. Bevor wir sie verwerfen, sollten wir jedoch prüfen, ob sie auf ein tiefer liegendes Problem hinweisen, das uns noch nicht bewusst war.

Den Vorschlag, die Bridge aus einem Song herauszunehmen, könnten wir zum Beispiel so interpretieren: »Es lohnt sich, die Bridge noch mal genauer zu prüfen.« Und sie dann im Zusammenhang mit dem gesamten Stück anzusehen.

Haben wir wirklich etwas Innovatives geschaffen, wird es vermutlich ebenso viele Leute vor den Kopf stoßen wie anziehen. Die beste Kunst spaltet das Publikum. Wenn etwas allen gefällt, sind wir wahrscheinlich nicht weit genug gegangen.

Letztendlich müssen nur wir selbst unsere Kunst lieben. Sie ist für uns da.

Wann ist die Arbeit getan?

Die Antwort findet sich weder über eine Formel noch über eine Methode. Sie ist intuitiv da.

Du spürst es, wenn die Arbeit getan ist.

Zu Beginn des Prozesses vermeiden wir jede Deadline, in der Fertigstellungsphase kann eine Fristsetzung jedoch sehr hilfreich sein.

Kunst entsteht nicht nach der Uhr. Aber sie kann so fertiggestellt werden.

Für manche ist diese Phase der schwierigste Teil des Prozesses. Sie wehren sich mit Händen und Füßen dagegen loszulassen. Bis hierher ist der Ton noch formbar, alles kann sich ändern. Ist er erst einmal fixiert, verlieren wir die Kontrolle. Diese Angst vor der Endgültigkeit ist nicht nur in der Kunst verbreitet. Man nennt sie auch Kontrollverlustangst.

Wenn sich das letzte Kapitel unserer Arbeit dem Ende nähert, suchen wir womöglich nach Ausreden, um die Fertigstellung aufzuschieben.

Zum Beispiel verlieren wir plötzlich den Glauben an das Projekt und beschließen, dass es nicht gut genug ist. Wir finden Mängel, die es eigentlich gar nicht gibt. Nehmen unlogische Veränderungen vor. Sehen in der Ferne das Trugbild einer besseren, noch nicht entdeckten kreativen Option. Die eines Tages da sein wird, wenn wir nur dranbleiben und weitermachen.

Wenn du glaubst, deine aktuelle Arbeit sei das einzige Werk, das dich für immer definieren wird, wird das Loslassen schwierig. Der Drang nach Perfektion ist überwältigend. Zu groß. Du erstarrst und überzeugst dich am Ende womöglich davon, dass du die ganze Arbeit verwerfen musst, um voranzukommen.

Die Kunst, an der sich die Welt erfreuen kann, stammt einzig von Künstlern, die diese Hürden genommen und der Öffentlichkeit ihr Werk übergeben haben. Gut möglich, dass es noch größere Künstlerinnen gab, doch wir kennen sie nicht, weil sie genau diesen Sprung nie geschafft haben.

Es wird leichter, ein Werk zu veröffentlichen, wenn wir im Blick behalten, dass kein Stück uns je vollständig abbilden kann, sondern immer nur zeigt, wer wir in diesem Augenblick sind. Schon morgen spiegelt es nicht mehr unser heutiges Ich. In einem Jahr haben wir vielleicht eine Eingebung, die uns zu etwas völlig anderem führt. Werke sind immer zeitlich gebunden. Lassen wir zu viel Zeit vergehen, könnte sich der Wert, den eine Arbeit für uns hatte, in Luft auflösen.

Am eigenen Werk festzuhalten ist so, als würde man jahrelang ein und denselben Eintrag in ein Tagebuch schreiben. Momente und Gelegenheiten gehen verloren. Die nächsten Werke werden ihrer möglichen Existenz beraubt.

Wie viele Seiten werden leer bleiben, weil du deinen Prozess durch Zweifel und zu viele Überlegungen ausgebremst hast? Behalte diese Frage im Kopf. Vielleicht ermöglicht sie es dir, freier voranzukommen.

In einem Umfeld, in dem nichts von Dauer ist, produzieren wir unbewegte Artefakte. Mementos der Seele. Wir hoffen, dass sie ewig lebendig bleiben und mit jedem vergehenden Jahrzehnt weiter nachhallen werden. Bei einigen wird das vielleicht so sein, bei vielen nicht. Es ist unmöglich vorherzusagen. Wir können nur immer weitermachen.

Wenn du mit deiner Arbeit im Einklang bist, musst du sie herausgeben und weiterziehen.

Jedes neue Projekt ist eine weitere Gelegenheit, das, was sich durch dich manifestiert, zu kommunizieren. Eine neue Gelegenheit, dich zu verbinden. Eine neue Seite im Tagebuch deines Innenlebens.

⊙

Bedenken, ein Werk in die Welt zu setzen, wurzeln mitunter in tieferen Ängsten. Zum Beispiel in der Angst davor, verurteilt, missverstanden, nicht zur Kenntnis genommen oder nicht gemocht zu werden. Werden mir noch andere Ideen kommen? Werden sie je wieder so gut sein?

Wird sich überhaupt irgendwer dafür interessieren?

Zum Prozess des Loslassens gehört auch, alle Gedanken daran loszulassen, wie man dich oder dein Werk aufnehmen wird. Beim Kunstschaffen steht das Publikum an letzter Stelle. Bevor unser Werk fertig ist und wir es lieben, sollten wir nie über Veröffentlichungsstrategien oder über die mögliche Rezeption nachdenken.

Es geht nicht um Perfektion. Wir können zu jedem Werk, an dem wir mitgewirkt haben, ein gutes Verhältnis haben und trotzdem erkennen, dass manches an ihm nicht stimmt. Zum Zeitpunkt der Fertigstellung war uns das vielleicht nicht möglich, aber rückblickend passiert es häufig. Es wird immer Dinge zu verändern und nicht die eine richtige Version geben. Jedes Kunstwerk ist nur eine Annäherung.

Eine der größten Belohnungen für Kunstschaffende ist die Möglichkeit, die Kunst mit anderen zu teilen. Selbst wenn es kein Publikum dafür gibt, stärken wir unseren Muskel, etwas zu erschaffen und es in die Welt zu setzen. Daher sollten wir es uns zur Gewohnheit machen, unsere Arbeiten fertigzustellen, denn das stärkt unser Selbstvertrauen. Je öfter wir uns trotz unserer Unsicherheiten zu einer Veröffentlichung unserer Arbeiten durchringen können, desto weniger Gewicht hat die Unsicherheit.

Denk nicht zu viel nach. Bist du glücklich mit deiner Arbeit und möchtest sie gern einer Freundin zeigen, ist es vielleicht auch an der Zeit, sie mit der Welt zu teilen.

Diese letzte Phase ist ein fruchtbarer Moment für eine neue Aussaat. Die Vorfreude auf das, was als Nächstes kommt, kann die nötige Energie für den Abschluss der aktuellen Arbeit erzeugen. Vielleicht fällt es uns schwer, uns weiter auf das derzeitige Projekt zu konzentrieren, wenn schon neue Ideen am Start sind. Darüber wollen wir uns nicht beschweren. Die Vitalkraft eines neuen Projekts hilft uns, den Trancezustand zu beenden, in dem wir mit unserer aktuellen Arbeit stecken mögen. Wenn eine neue Idee ruft, die uns befeuert, können wir es plötzlich gar nicht mehr erwarten, fertig zu werden.

Ist es an der Zeit für das nächste Projekt,
weil die Uhr oder der Kalender
das sagt,
oder weil das Werk selbst
es sagt?

Mentalität der Fülle

Ein ganzer Strom an Material durchfließt uns. Wenn wir unsere Werke und Ideen mit anderen teilen, wird stets reichlich Nachschub kommen. Blockieren wir den Fluss, indem wir alles in uns festhalten, kann er nicht fließen, und neue Ideen tauchen allenfalls zögerlich auf.

Bei einer Mentalität der Fülle trocknet der Fluss nie aus. Neue Ideen kommen immer durch. Und die Künstlerin ist frei, sie im Vertrauen darauf herauszulassen, dass andere nachkommen.

Leben wir mit einer grundsätzlichen Mangeleinstellung, dann horten wir die großartigen Ideen. So könnte sich einem Komiker die perfekte Chance bieten, seinen neuesten selbst geschriebenen Sketch vorzutragen, in Erwartung einer öffentlichkeitswirksameren Gelegenheit hält er ihn aber zurück. Erst wenn wir unser Material nutzen, kommen jedoch neue Inhalte zum Vorschein. Und je mehr wir teilen, desto größer wird unser Können.

Die Entscheidung für ein Leben in einem Gefühl des

Mangels führt zu Stagnation. Arbeiten wir endlos an ein und demselben Projekt, dann kommen wir nie zum nächsten. Die Angst vor der Dürre und der Drang zum Perfektionismus hindern uns daran vorwärtszugehen und blockieren den Ideenfluss.

Jede Mentalität aktiviert das universelle Gesetz, nach dem wir genau das bekommen, worauf wir uns konzentrieren.

Wenn sich der Verstand eine begrenzte Welt baut und wir meinen, wir hätten nicht genügend wertvolle Ideen oder Materialien, werden wir die Inspirationen, die das Universum uns bietet, gar nicht wahrnehmen.

Und prompt kommt der Fluss ins Stocken.

In einer Welt der Fülle haben wir mehr Kapazitäten, unser Werk zu vollenden und zu veröffentlichen. Wenn so viele Ideen verfügbar sind und so viel großartige Kunst gemacht werden kann, können wir gar nicht anders, als uns einzubringen, loszulassen und dann weiterzumachen.

Ist nur ein Werk zu erschaffen und wollen wir uns nach seiner Fertigstellung zur Ruhe setzen, dann fehlt uns der Anreiz, es abzuschließen. Begreifen wir ein Stück als unser Lebenswerk, werden wir es im Streben nach einem unrealistischen Perfektionsideal endlos überarbeiten und umschreiben.

Somit verschiebt ein Musiker den Release eines Albums aus Angst, er hätte nicht das Beste aus seinen Songs herausgeholt. Dabei ist ein Album nichts weiter als ein Tagebucheintrag zu einem bestimmten Zeitpunkt, eine Momentaufnahme des Künstlers zu genau dieser Zeit. Ein einzelner Tagebucheintrag stellt nie unsere ganze Lebensgeschichte dar.

Unser Lebenswerk ist viel größer als irgendein individuelles Behältnis. Die Werke, die wir schaffen, sind allenfalls Kapitel in einem Buch. Weitere folgen unweigerlich. Auch wenn manche besser sein werden als andere, brauchen wir uns darüber nicht den Kopf zu zerbrechen. Unser Ziel ist es, die Freiheit zu haben, ein Kapitel abzuschließen, um zum nächsten überzugehen, und diesen Prozess so lange fortzusetzen, wie es uns gefällt.

Unser letztes Werk ist nicht besser als unser nächstes. Und unser nächstes nicht besser als das vorherige. Im Lauf eines Künstlerinnenlebens wird es immer wieder Höhen und Tiefen geben. Unsere Glanzzeit haben wir aber nur dann hinter uns, wenn wir uns das selbst einreden. In jedem Augenblick und in jedem Kapitel unser Bestes zu geben ist das Höchste, was wir erreichen können.

Es bleibt immer noch etwas zu verbessern oder zu erneuern. Wir können weitere zwei Jahre an etwas arbeiten, und schon wird es etwas anderes sein. Aber wir können unmöglich wissen, ob es dann besser oder schlechter sein wird. Es wird anders sein. Genau wie wir. Und womöglich haben wir uns über das Werk, an dem wir jahrelang gearbeitet haben, hinausentwickelt. Unser unmittelbares Spiegelbild ist verblasst, und das Werk sieht inzwischen eher aus wie ein altes Foto. Es ist entmutigend, ein Werk zu vollenden und herauszubringen, zu dem wir den Bezug verloren haben.

Ein Bewusstsein über die Fülle schenkt uns die Hoffnung, dass unsere besten Ideen noch auf uns warten und unser größtes Werk noch vor uns liegt. Wir vermögen im energiegeladenen Zustand eines kreativen Momentums zu leben, sind frei, etwas zu erschaffen und loszulassen, zum Nächsten überzugehen und auch das loszulassen. Mit jedem Kapitel gewinnen wir an Erfahrung, verbessern unsere Fertigkeit und kommen uns selbst näher.

Die Experimentierfreudigen und die Ergebnisorientierten

Naturgemäß neigen viele Künstler zu einer dieser beiden Kategorien.

Die Experimentierfreudigen haben eine Vorliebe fürs Träumen und Spielen, dagegen fällt es ihnen nicht so leicht, ihr Werk zu Ende zu bringen und zu veröffentlichen.

Die Ergebnisorientierten sind das genaue Gegenteil. Sie kommen schnell und mit unmittelbarer Klarheit zum Endpunkt und sind weniger interessiert daran, die Möglichkeiten und Alternativen auszuloten, die Experimentier- und Aufbauphase nahelegen.

Für beide könnte es hilfreich sein, von den jeweils anderen zu lernen.

Die Ergebnisorientierten könnten sich in der Frühphase mehr Zeit nehmen. Über die Mindestanforderung hinausschreiben, sich mit anderen Materialien, Überlegungen und Sichtweisen befassen. Sich im Prozess Raum geben für Improvisation und Überraschungen.

Für die Experimentierfreudigen wäre es dagegen sinnvoll, einen Aspekt ihrer Arbeit bis zum Ende beizubehalten. Das kann eine Zeichnung, ein Song oder ein Buchkapitel sein. Auch eine Grundentscheidung ist hilfreich, auf der sie aufbauen wollen.

Nehmen wir ein Album als Beispiel. Falls du dich als Musiker mit zehn Songs abmühst, konzentriere dich auf zwei. Wenn du dir die Aufgabe überschaubar und zielgerichtet gestaltest, tritt eine Veränderung ein. Und die Fertigstellung von einem noch so kleinen Teil fördert das Selbstvertrauen.

Von Song Zwei zu Song Drei zu gelangen ist leichter als von null Songs zu zweien. Und falls du bei Song Drei stecken bleibst, lass ihn aus und wende dich Song Vier und Fünf zu.

Bring so viele Elemente des Projekts zu Ende, wie du kannst, ohne dich zu blockieren. Bei reduzierter Arbeitslast fällt es viel leichter, noch einmal zurückzugehen. Oft wird das Wissen, das du aus der Fertigstellung der restlichen Stücke gewinnst, zum Schlüssel für die Überwindung früherer Hindernisse.

Provisorische Regeln

Ein Gutteil des künstlerischen Schaffens besteht darin, Regeln zu missachten, sie loszulassen, zu untergraben oder überhaupt erst aufzuspüren, weil wir sie völlig unbewusst befolgten. Zugleich gibt es einen Raum dafür, sich Regeln aufzuerlegen. Und diese Regeln als Werkzeug zu nutzen, um den Rahmen für ein bestimmtes Projekt abzustecken.

Wenn es keinerlei Material-, Zeit- und Budgetbeschränkungen gibt, haben wir unbegrenzte Möglichkeiten. Nehmen wir Einschränkungen in Kauf, ist unsere Auswahl begrenzter. Egal, ob sie aus der Not geboren sind oder ob eine Absicht dahintersteckt, wir können diese Einschränkungen als Chance begreifen.

Stell dir vor, dass du für jedes Projekt eine Palette an Möglichkeiten festlegst. Innerhalb solcher Begrenzungen werden zu lösende Aspekte konkreter, und die offensichtlichsten Lösungen sind vielleicht gar nicht verfügbar. Diese Auslese kann dem neuen Projekt einen eigenen Charakter geben, der es von den alten Werken abhebt und Potenzial für bahnbrechende Ergebnisse schafft. Neuartige Probleme führen zu originellen Lösungen.

Georges Perec schrieb ein ganzes Buch ohne den Vokal *e,* den häufigsten Buchstaben des französischen Alphabets. Es wurde zu einem der berühmtesten experimentellen Werke der modernen Literatur.

Der Maler Yves Klein beschloss, seine Palette auf eine Farbe zu begrenzen. Dies führte ihn zur Entwicklung eines völlig neuartigen Blautons. Der Farbton wurde von vielen als die eigentliche Kunst gesehen und später als »International Klein Blue« bezeichnet.

Der Regisseur Lars von Trier stellte mit seinem Manifest »Dogma 95« zehn Regeln auf, das sogenannte Keuschheitsgelübde, mit dem er gegen die Wirklichkeitsentfremdung des Kinos angehen wollte. Hier die Regeln:

1. Die Dreharbeiten müssen an Originalschauplätzen stattfinden, ohne Requisiten oder Kulissen, die nicht in diese Umgebung gehören.
2. Geräusche und Musik können im Film vorkommen, dürfen aber nie extra produziert und nicht nachträglich eingespielt werden.
3. Alle Aufnahmen müssen mit Handkamera gemacht werden. Bewegung, Bewegungslosigkeit und Stabilität müssen per Hand erreicht werden.
4. Die Aufnahme erfolgt in Farbe und ohne künstliche Beleuchtung. Wenn zu wenig Licht da ist, darf eine einzelne Lampe an der Kamera befestigt werden.

5. Spezialeffekte und Objektivfilter sind verboten.
6. Keine »oberflächlichen« Aktionen (inszenierte Morde, aufwendige Stunts usw.).
7. Geografische Verfremdung ist strengstens verboten, der Film muss hier und jetzt spielen.
8. Keine Genrefilme.
9. *Academy 35 mm* ist das einzige akzeptierte Filmformat.
10. Der Regisseur darf nicht genannt werden.

Drei Jahre nach Verkündigung des Manifests erschien der erste offizielle »Dogma«-Film von Thomas Vinterberg mit dem Titel *Das Fest* (Originaltitel: *Festen*). Er war ein sofortiger Erfolg bei den Kritikern und gewann den Jurypreis bei den Filmfestspielen von Cannes 1998.

In Anlehnung an von Trier erstellte der Keyboarder Money Mark ein ähnliches Regelwerk für die Musik und nahm danach eines seiner angesehensten Alben auf.

Beim Baseball oder Basketball bestimmen die Regeln das Spiel, sie werden nur selten verändert. Innovation kommt nur innerhalb dieser Regeln vor. Als Künstler können wir jedes Mal, wenn wir spielen, ein neues Regelwerk aufstellen. Sofern uns eine Entdeckung dazu drängt, können wir uns nach reiflicher Überlegung auch entschließen, es mitten in einem Projekt zu brechen. Doch obwohl es leicht ist, Änderungen vorzunehmen, nützen Regeln nur wenig, wenn wir sie nicht ernst nehmen.

Es gibt weder gute noch schlechte Regeln. Nur solche, die zur Situation passen und der Kunst dienen oder eben nicht. Wenn das Ziel darin besteht, das schönstmögliche

Werk zu schaffen, dann sind diejenigen Regeln die richtigen, die diesem Ziel wirklich dienen.

Regeln sind besonders wertvoll für jene Künstler, die bereits einige Erfahrung haben. Bist du in einem Schaffensbereich etabliert, können provisorische Regeln nützlich sein, um ein Muster zu durchbrechen. Sie können dich dazu bringen, besser zu werden, Neuerungen vorzunehmen und eine neue Seite von dir oder deiner Arbeit zum Vorschein zu bringen.

Manche Virtuosen entscheiden sich für weniger vertraute Instrumente oder Medien, weil diese Herausforderung sie ohne die Ablenkung der technischen Fertigkeiten als den Künstler zeigt, der sie tatsächlich sind.

Setze dir Parameter, die dich zwingen, deine Komfortzone zu verlassen. Schreibst du immer auf einem Laptop, versuch es mal mit einem Notizblock. Bist du Rechtshänderin, nimm den Pinsel zum Malen in die linke Hand. Komponierst du deine Melodien sonst immer instrumental, schreib eine für a cappella. Filmst du gewöhnlich mit professioneller Ausrüstung, dreh einen ganzen Film nur mit deiner Handykamera. Bereitest du dich immer mit Recherchen auf deine Schauspielrollen vor, versuch es mal mit einer reinen Improvisation.

Wofür auch immer du dich entscheidest, lege einen Rahmen fest, der deinen normalen Rhythmus durchbricht, und schau, wohin dich das führt. Allein durch die Art der Begrenzung, die du dir setzt, wird sich die Arbeit von dem unterscheiden, was du bisher gemacht hast. Es geht nicht darum, ob es besser ist. Das Ziel ist Selbstentdeckung.

Schreibst du gewöhnlich kurze Absätze, versuch es einmal mit langen. Vielleicht wird dir diese Form nicht so gefallen, aber du kannst dabei etwas lernen, das deine kurzen Absätze verbessern wird. Durch das Brechen der Regeln entwickelst du ein besseres Verständnis für deine bisherigen Entscheidungen.

Manch erfolgreicher Künstler, der einen Stil- oder Methodenwechsel in Betracht zieht, macht sich Sorgen um seine Anhängerschaft. Er fragt sich: *Wird das Publikum mitgehen?*

Beim Erforschen neuer Horizonte könntest du durchaus manche deiner Anhänger verlieren. Zugleich tauchen aber auch neue Fans auf. In jedem Fall erweist du dir und deinem Publikum keinen guten Dienst, wenn du deine Arbeit auf das Altbekannte beschränkst. Die Kraft des Staunens und Entdeckens geht irgendwann verloren, wenn du immer wieder dasselbe Terrain beschreitest.

Regeln sind eine Möglichkeit,
das Gewahrsein zu strukturieren.

Wahre Größe

Stell dir vor, du würdest auf einen Berggipfel ziehen und für immer dortbleiben. Du baust ein Haus, in dem dich nie jemand besuchen kommen wird. Dennoch investierst du Zeit und Mühe in die Gestaltung des Raums, in dem du deine Tage verbringen wirst.

Holz, Teller, Kissen – alles ist wunderbar. Kunstvoll nach deinem Geschmack ausgewählt.

Das ist die Essenz großer Kunst. Wir machen sie zu keinem anderen Zweck als dem, unsere Version des Schönen zu schaffen, und bringen uns, unabhängig von den Parametern und Zwängen, voll und ganz in jedes Projekt ein. Betrachte es als Opfergabe, als Akt der Hingabe. Wir tun unser Bestes, so wie wir es verstehen, nach unserem – und niemandes anderen – Geschmack.

Wir schaffen unsere Kunst, um sie selbst zu bewohnen.

Wahre Größe ist, ebenso wie die Kunst, nur subjektiv messbar. Es gibt keinen festen Maßstab. Wir spielen für ein Publikum, das aus einer einzigen Person besteht.

Falls du denkst: *Ich mag es zwar nicht, aber vielleicht jemand anders,* machst du keine Kunst für dich selbst. Du bist im Kommerz gelandet, und das ist völlig in Ordnung, hat aber vermutlich nichts mit Kunst zu tun, auch wenn es keine klare Grenze zwischen beiden gibt. Je formelhafter dein Werk ist, je mehr es sich an das hält, was bisher populär war, desto weniger ist es vermutlich Kunst. Tatsächlich scheitert Kreativität in diesem Sinne häufig sogar an ihren eigenen Zielen. Um vorherzusagen, was anderen gefallen könnte, steht uns gewöhnlich kein besserer Maßstab zur Verfügung als die Tatsache, dass es uns gefällt.

Angst vor Kritik, Anhaftung an kommerziellen Erfolg, Konkurrenz zu bereits existierenden Werken, Zeitzwänge und Ressourcenbeschränkungen, ein Bestreben, die Welt zu verändern, und jede Geschichte, die über ein »Was auch immer es ist, ich will mein Bestmögliches geben« hinausgeht – all das sind Kräfte, die das Streben nach Größe aushöhlen.

Befasse dich lieber mit dem, was du zu dieser Kunst beisteuerst, um ohne Einschränkung das Bestmögliche aus ihr zu machen, statt dich auf das zu konzentrieren, was dir dieser Schaffensprozess geben wird.

Erschaffst du etwas, das einem ausschließlich funktionalen Zweck dient, wie etwa ein Auto, das eine bestimmte Höchstgeschwindigkeit erreichen soll, könnten noch weitere Absichten eine Rolle spielen. Handelt es sich um ein ausschließlich künstlerisches Projekt, ist es wichtig, dass deine innere Stimme sich auf die rein kreative Intention fokussiert.

Das Ziel, einfach nur großartige Arbeit zu leisten, hat einen Dominoeffekt. Es wird zur Messlatte für alles, was du tust, und kann nicht nur deine Arbeit in neue Höhen treiben, sondern deine gesamte Lebensschwingung erhöhen. Selbst andere kann es zu ihrem besten Werk inspirieren. Größe erzeugt Größe. Sie ist ansteckend.

Erfolg

Woran messen wir Erfolg?

Weder an Popularität noch an Geld oder Ansehen bei der Kritik. Erfolg findet in der Privatsphäre der Seele statt. Er tritt in dem Augenblick ein, in dem wir uns entscheiden, unsere Arbeit zu veröffentlichen – noch bevor wir sie auch nur einer Meinung von außen ausgesetzt haben. Wenn wir alles getan haben, um das Potenzial des Werks voll und ganz auszudrücken. Wenn es uns gefällt und wir bereit sind loszulassen.

Erfolg hat nichts mit irgendwelchen Variablen zu tun, die außerhalb von uns liegen.

Voranzukommen ist ein Aspekt von Erfolg. Das geschieht, wenn wir ein Werk fertigstellen, es der Öffentlichkeit übergeben und mit einem neuen Projekt beginnen.

Was auch immer nach diesem stillen Erfülltsein passiert, unterliegt den Marktbedingungen. Bedingungen, die sich unserer Kontrolle entziehen. Unsere Berufung besteht darin, nach bestem Können schöne Werke zu schaffen. Mal werden sie Applaus oder Ruhm ernten, mal nicht. Wenn wir unser inneres Wissen anzweifeln und versuchen vorherzusagen, was anderen gefallen könnte, wird unser bestes Werk niemals erscheinen.

⊙

Beliebtheit ist ein schlechtes Barometer für Arbeit und Selbstwertgefühl. Damit ein Werk kommerziellen Erfolg hat, müssen die Sterne günstig stehen, und keiner davon – etwa das Timing, der Vertriebsmechanismus, die kulturelle Mode oder eine Verbindung zu aktuellen Ereignissen – hat etwas damit zu tun, wie gut das Projekt ist.

Passiert am selben Tag, an dem wir ein Projekt veröffentlichen, eine globale Katastrophe, wird es vielleicht von dieser überschattet. Haben wir unseren Stil geändert, sind die Fans womöglich zunächst nicht offen dafür. Kommt am selben Tag ein mit Spannung erwartetes Werk einer anderen Künstlerin heraus, kann es passieren, dass unser Projekt nicht ebenso gut aufgenommen wird. Die meisten Variablen entziehen sich unserer Kontrolle. Wir können nur unser Bestmögliches geben, unsere Arbeit anderen zugänglich machen, das nächste Projekt in Angriff nehmen und nicht zurückblicken.

Nicht selten sehnt man sich nach Erfolg in der Hoffnung, damit eine innere Leere zu füllen. Manche erhoffen sich damit, das Gefühl, selbst nicht gut genug zu sein, beheben oder heilen zu können.

Künstler, die unablässig auf dieses Ziel hinarbeiten, sind nur selten wirklich darauf vorbereitet. Beliebtheit entspricht in ihren meisten Aspekten nicht den Erwartungen. Und die Künstlerin fühlt sich häufig ebenso leer wie zuvor, wenn nicht sogar noch leerer.

Lebst du in dem Glauben, Erfolg werde deinen Schmerz heilen, und schlägt die Behandlung nicht an, wenn er sich dann einstellt, entsteht oft ein Gefühl von Hoffnungslosigkeit. Die Erkenntnis, dass genau die Sache, der du die meiste Zeit deines Lebens nachgejagt bist, deine Unsicherheiten und Verletzlichkeiten nicht etwa behoben, sondern womöglich noch verstärkt hat, weil nun die Erwartungen höher sind und der Druck noch größer geworden ist, kann eine Depression nach sich ziehen. Und wie man mit einer so gewaltigen Enttäuschung umgeht, hat man uns nie beigebracht.

Ein loyales Publikum kann sich für manche Leute wie ein Gefängnis anfühlen. Nehmen wir an, eine Musikerin arbeitet an einem bestimmten Genre, weil sie es liebt, und erlangt damit großen Erfolg. Wenn sich nun ihr Geschmack ändert, fühlt sie sich an ihren bisherigen Stil gefesselt, weil inzwischen Managerinnen, Agenten, Assistentinnen und andere an ihm hängen, die ein Interesse am kommerziellen Erfolg haben. Auch die Künstlerin selbst könnte sich inzwischen mit diesem bislang gepflegten Arbeitsstil identifizieren.

Wann immer ein Impuls für eine Bewegung und Entwicklung auftaucht, sollten wir darauf hören. Die Alternative – in der Angst gefangen zu sein, an Einfluss zu verlieren – ist eine Sackgasse. Wir verlieren die Freude und den Glauben an die Arbeit, weil sie uns nicht mehr wirklich entspricht. Und wenn unser Werk dann hohl ist, begeistert es das Publikum ohnehin nicht mehr.

Vielleicht war es ja deine ganz persönliche Leidenschaft für deine Arbeit, die den Erfolg angezogen hat, und gar nicht dein ursprünglicher Stil. Wenn du nun also für etwas anderes brennst, geh dem nach. Vertraue auf deine Instinkte und Begeisterung. Genau das wird bei anderen ankommen.

Es liegt im Auge des Betrachters, ob ein und dasselbe Ergebnis als großer Erfolg oder schrecklicher Misserfolg angesehen wird. Aus dieser Wahrnehmung kann eine Eigendynamik entstehen, die sich fortan durch die Karriere des Schriftstellers zieht. Es kann sein weiteres Vorankommen sehr erschweren, wenn ein Werk, das nach den meisten Maßstäben erfolgreich war, als Misserfolg abgestempelt wurde.

Deshalb ist es erdend, ein eigenes Verständnis von Erfolg zu bewahren. Und jedes neue Werk so zu schaffen, als hättest du nichts zu verlieren, wo du auch gerade auf der Leiter der öffentlichen Wahrnehmung stehen magst.

Es ist wahrscheinlicher, dass ein Werk
in seiner wahrhaftigsten Form entsteht,
wenn wir uns auf kein Ergebnis fixieren,
sondern uns auf die Vorstellung einlassen,
dass wir einfach etwas erschaffen
und mit anderen teilen wollen.

Innerer Abstand (Möglichkeiten)

Stell dir vor, die Ereignisse deines Lebens wären im Moment des Geschehens von dir losgelöst.

Das Manuskript des Romans, an dem du seit Jahren arbeitest, fällt einem Feuer zum Opfer. Deine Beziehung zerbricht, obwohl du sie für gut hieltest, dir wird ein Job gekündigt, der dir sehr wichtig ist. Versuch einmal, so schwer es dir auch fallen mag, solche Ereignisse so zu erleben, als würdest du einen Film im Kino anschauen. Als würdest du eine dramatische Szene beobachten, in der der Protagonist vor einer scheinbar unüberwindbaren Herausforderung steht.

Das bist du, und zugleich bist du es nicht.

Statt in Liebeskummer, Existenzangst oder Trauer zu verfallen, könntest du dich in innerem Abstand üben und so reagieren: *Mit dieser Wendung hatte ich nicht gerechnet. Ich frage mich, was der Protagonistin als Nächstes geschehen wird.*

Es gibt immer eine nächste Szene, die vielleicht von

großer Schönheit sein und von Erfüllung handeln wird. Die schweren Zeiten waren notwendig, damit sich diese neuen Möglichkeiten ergeben konnten.

Das Ergebnis ist nicht das Ergebnis. Dunkelheit oder Tageslicht sind keine Endpunkte, sondern Teil eines sich ständig entfaltenden, wechselseitig abhängigen Kreislaufs. Beide sind weder gut noch schlecht. Sie sind einfach nur.

Diese Übung, bei der du davon ausgehst, dass eine einzelne Erfahrung nie die ganze Geschichte ausmacht, wird dich in einem Leben unterstützen, das von Chancen und Gelassenheit geprägt ist. Fokussierst du dich zwanghaft auf diese Geschehnisse, mögen sie dir katastrophal erscheinen. Dabei sind sie nur ein kleiner Aspekt eines größeren Lebens, und je weiter du dich herauszoomst, desto unbedeutender wird jede Erfahrung.

Zoome dich heran und geh darin unter. Zoome dich heraus und beobachte. Du hast die Wahl.

Geraten wir in eine Sackgasse, kann sich schnell Hoffnungslosigkeit breitmachen. Die Fähigkeit, Abstand zu der Geschichte zu wahren, sich herauszuzoomen und neue Wege zu erkennen, die in die Herausforderung hinein- oder um sie herumführen, ist von unschätzbarem Wert.

Wenn wir an diesem Prinzip arbeiten und zulassen, dass es auf uns wirkt, dann befreit uns unsere Fantasie aus dem einschnürenden Netz persönlicher und kultureller Narrative. Die Kunst hat die Kraft, uns aus unserer Trance zu reißen, unseren Geist für das zu öffnen, was möglich ist, und uns zu erlauben, uns neu mit der immer vorhandenen Energie zu verbinden, die alles durchdringt.

Verzückung

Hast du je bei einem Musikstück das Gefühl gehabt, dass es dich regelrecht verzaubert und in eine andere Welt versetzt? Und ist dir das schon mal mit einem Buch oder Gemälde passiert?

Vielleicht ist dies einer der Gründe, weshalb du dich überhaupt zu kreativer Arbeit hingezogen fühlst – die Erinnerung, die wiederkehrende Erfahrung von sinnlicher Freude. Als würdest du in ein richtig reifes Stück Obst beißen.

Und nun denke an all das, was eine Arbeit umfasst, ehe der Augenblick der perfekten Balance eintritt. An all die Experimente, die das Ziel verfehlen. An die Ideen, die ins Leere laufen. An die schwierigen Entscheidungen und die winzigen, scheinbar alles verändernden Justierungen.

Woran orientiert sich die Künstlerin in diesen entscheidenden Momenten? Woher weiß sie, wann das Werk – und die Arbeit – gut ist? Woran erkennt sie, dass sie auf dem richtigen Weg ist? Was bedeutet Vorankommen?

Man könnte sagen, dass es ein Gefühl ist. Eine innere Stimme. Ein leises Flüstern, das ein Lachen auslöst. Eine Energie, die sich im Raum ausbreitet und den Körper erfasst. Nennen wir es Freude, Ehrfurcht oder Hochgefühl. Plötzlich gewinnen Harmonie und Erfüllung die Oberhand.

Es ist das Entstehen von Verzückung.

Verzückung ist der Kompass, der uns den wahren Norden anzeigt und im schöpferischen Prozess auf ganz natürliche Weise entsteht. Du arbeitest und kämpfst, und plötzlich stellst du eine Veränderung fest: eine Offenbarung. Durch eine kleine Justierung zeigt sich ein neuer Blickwinkel, und es verschlägt dir den Atem.

Auslöser kann das scheinbar banalste Detail sein. Ein neu gewähltes Wort in einem Satz, und die bisher unsinnige Passage verwandelt sich unmittelbar in Poesie. Plötzlich stimmt alles.

Während des Schaffensprozesses mag ein Werk zeitweise unscheinbar wirken. Doch unverhofft verschiebt sich etwas, ein Moment offenbart sich, und dasselbe Stück wird außergewöhnlich.

Ein winziger Sprung genügte, um aus der Mittelmäßigkeit etwas Großes werden zu lassen. Dieser Sprung ist nicht immer zu verstehen, aber deutlich zu erkennen und belebend, wenn er sich ereignet.

Dies kann zu jedem Zeitpunkt der Arbeit geschehen. Eine Zeit lang bewegst du dich in einem neutralen Bereich. Dann triffst du einen neuen Ton und bist plötzlich wie magnetisiert. Und absorbiert. Du lässt dich ein und verspürst einen Energieschub, als wäre ein Gebet erhört worden.

Dieses Gefühl ist die Bestätigung, dass du auf dem richtigen Weg bist. Der Ansporn weiterzumachen. Das Zeichen, dass du auf Großes hinarbeitest, dass eine tiefere Wahrheit in dem liegt, was du machst. Es wurzelt in etwas Wertvollem.

Diese Offenbarung ist das Herzstück der Kreativität. Wir nehmen sie im ganzen Körper wahr. Sie macht uns schlagartig wach und lässt unser Herz schneller schlagen oder überrascht auflachen. Sie gibt uns Einblick in ein höheres Ideal, eröffnet neue Möglichkeiten in uns, von denen wir bislang nichts ahnten. Sie ist unendlich belebend, und wir begreifen, dass sich die ganzen mühsamen, weniger interessanten Teile der Arbeit gelohnt haben.

Nach genau solchen Ereignissen suchen wir: nach Momenten, in denen sich alles verbindet. Was für eine Befriedigung, wenn sich die Form in ihrer Ganzheit klar und deutlich abzeichnet.

⊙

Verzückung ist ihrem Wesen nach animalisch. Eine instinktive Körperreaktion, die nichts mit dem Gehirn zu tun hat. Sie braucht keinen Sinn zu ergeben und muss nicht verstanden werden. Sie ist dazu da, uns zu leiten.

Der Verstand kann helfen, das Werk zu vollenden, und im Nachhinein entschlüsseln, was unsere Freude ausgelöst hat. Doch für den schöpferischen Akt müssen wir den Kopf beiseitelassen. Die Schönheit des Erschaffens liegt zum Teil darin, dass wir uns selbst überraschen und etwas hervorbringen, das größer ist, als wir es zu diesem Zeitpunkt oder überhaupt jemals zu verstehen vermögen.

Ideen und Gefühle, die in tieferen Schichten der Psyche verborgen liegen, finden ihren Weg in unsere Texte, Szenen oder auf die Leinwand. Viele Künstler stellen erst lange nach Veröffentlichung ihrer Werke fest, dass es sich dabei um eigentlich schockierend intime und rätselhafte Formen eines öffentlichen Bekenntnisses handelte. Etwas in ihnen versuchte, Erlösung zu finden oder sich Gehör zu verschaffen.

Wie tief unsere Arbeit geht, ist nicht unbedingt von Bedeutung. Wenn du auf deine instinktiven Körperreaktionen hörst, wirst du allerdings häufig an tiefgründigere Orte gelangen als sonst.

Verzückung wird ganz unterschiedlich erlebt. Mitunter drückt sie sich als entspannte Begeisterung aus, wie zum Beispiel, wenn man eine Frage gestellt bekommt und meint, die Antwort nicht zu kennen, aber plötzlich aus einem tieferen Wissen heraus das Richtige antwortet. Die Energie, die dabei im Körper aufsteigt, lässt ein ruhiges, belebendes Selbstvertrauen entstehen.

Oder sie zeigt sich als plötzliches Erstaunen, als so starkes Gefühl, dass du es gar nicht glauben kannst. Es rüttelt an deiner Wirklichkeit und macht dich fassungslos. So ähnlich könnte es sich anfühlen, wenn du merkst, dass du als Geisterfahrer auf der Autobahn unterwegs bist.

Und dann gibt es noch die dritte Variante, bei der du sanft und unmerklich aus der Wirklichkeit entführt wirst. Du hörst einen Song, schließt die Augen und landest irgendwo ganz anders. Und bist fast verwirrt, wenn du nach seinem Ende wieder deinen Körper wahrnimmst. Als wärst du aus einem spontanen Traum erwacht.

Lass dich in deinem kreativen Prozess auf solche Gefühle ein. Achte auf deine inneren Reaktionen. Die tiefgreifendsten und kostbarsten Erfahrungen im kreativen Schaffen sind die, bei denen du mit der Verzückung in Berührung kommst und dich von ihr führen lässt.

Bezugspunkt

Es kann passieren, dass du von einem Musiker, den du schon seit einiger Zeit verfolgst, eine neue Aufnahme zu hören bekommst, mit der er seltsame neue Wege einschlägt.

Zunächst fühlt sich die Musik befremdend und ungewohnt an. Dir fehlt der Kontext. Vielleicht bist du nicht einmal sicher, ob sie dir gefällt, oder du lehnst sie gar ab.

Dennoch bringt dich etwas dazu, sie immer wieder anzuhören. Ein neues Muster bildet sich in deinem Gehirn. Was seltsam klang, wird ein wenig vertrauter. Du erkennst, wie es sich mit dem, was vorher war, verbindet. Ob du willst oder nicht, setzt es sich immer mehr in deinem Kopf fest.

Und eines Tages stellst du fest, dass du ohne diese Musik nicht mehr leben kannst.

Es ist mitunter verwirrend, wenn eine Künstlerin, die wir mögen, unsere Erwartungen konterkariert oder ein junger Künstler sich über alles Gewohnte hinwegsetzt.

Zunächst kann sich das Werk unbefriedigend oder auch gänzlich uninteressant anfühlen. Haben wir die erste Hürde genommen und uns an die neue Palette gewöhnt, werden aber womöglich genau diese Arbeiten zu Lieblingswerken. Umgekehrt besitzen Werke, die wir von Anfang an mögen, am Ende vielleicht nicht dieselbe Kraft.

Dasselbe kann uns auch bei unserer eigenen Arbeit passieren.

Suchst du nach Lösungen für ein Problem oder nach einem neuen Projekt und dir kommt eine neue Idee, könnte deine spontane Reaktion sehr negativ ausfallen. Denn ist die Idee wirklich neu, dann fehlt dir jeder Kontext, sodass sie dir völlig fremd oder gar unbeholfen vorkommt.

Manchmal sind die Ideen, die unseren Erwartungen am wenigsten entsprechen, die innovativsten. Revolutionäre Ideen haben definitionsgemäß keinerlei Kontext. Sie erfinden ihn neu.

Wenn wir radikal Neues zum ersten Mal erfahren, könnte unsere erste instinktive Reaktion uns dazu bringen, es abzulehnen und zu denken: *Das ist nichts für mich.* Entweder das ist wirklich so, oder aber es führt uns zu unserem wichtigsten bleibenden Werk.

Nimm diese starken Reaktionen ernst. Fühlst du dich sofort von einer Erfahrung abgestoßen, lohnt es sich nachzuforschen. Starke Reaktionen weisen häufig auf tiefere Sinnzusammenhänge hin. Geh ihnen nach, denn sie könnten dich zum nächsten Schritt auf deinem kreativen Weg führen.

Kein Wettkampf

Bei der Kunst geht es um diejenigen, die sie schaffen.

Das Ziel: auszudrücken, wer wir sind.

Was jeden Wettkampf absurd werden lässt. Jeder Künstler hat sein eigenes Spielfeld. Du schaffst das Werk, das dich am besten repräsentiert. Andere machen die Kunst, die sie am besten repräsentiert. Beide lassen sich nicht aneinander messen. Kunst hat mit den einzelnen Kunstschaffenden zu tun, und mit dem einzigartigen Beitrag, den sie zur Kultur leisten.

Man könnte meinen, dass ein Wettkampf zu Großartigem anspornt. Die Herausforderung, das zu übertreffen, was andere erreicht haben, kann ein Anreiz sein, unsere kreativen Begrenzungen zu erweitern. In den meisten Fällen jedoch schwingt diese Konkurrenzenergie auf einer niedrigeren Frequenz.

Es führt selten zu echter Größe, wenn man andere Künstler übertreffen oder ein Werk schaffen will, das besser ist als ihres. Zudem ist es keine gesunde Grundeinstellung. Wie Theodore Roosevelt einmal betont hat, ist der Vergleich der Dieb der Freude. Warum sollten wir überhaupt etwas mit der Absicht schaffen, andere kleinzumachen?

Inspiriert uns ein großartiges Werk von jemandem jedoch dazu, unser eigenes zu verbessern, handelt es sich um eine ganz andere Energie. Sehen wir, dass die Messlatte in unserem Schaffensbereich hoch gehängt ist, kann uns dies zu noch besserer Leistung anspornen. Diese Kraft, die nach Höherem greift, hat nichts mit Siegerenergie zu tun.

Als Brian Wilson von den Beach Boys das Beatles-Album *Rubber Soul* zum ersten Mal hörte, war er überwältigt. »Damals habe ich gedacht: Wenn ich je irgendwas in meinem Leben mache, muss es ein genauso gutes Album sein«, hat er einmal erzählt. »Ich war so glücklich, als ich es hörte, dass ich mich hinsetzte und ›God Only Knows‹ schrieb.«

Dich vom Höhepunkt der Arbeit anderer beglücken und inspirieren zu lassen und dich dann selbst dieser Herausforderung zu stellen ist kein Wettbewerb. Es nennt sich Zusammenarbeit.

Als Paul McCartney das hieraus entstandene Album *Pet Sounds* der Beach Boys hörte, brach wiederum er vor Begeisterung in Tränen aus und erklärte, »God Only Knows« sei für ihn der beste Song, der je geschrieben worden sei. Inspiriert von dieser Erfahrung ließen die Beatles während der Arbeit an *Sgt. Pepper's Lonely Hearts Club Band,* einem weiteren ihrer Meisterwerke, ständig *Pet Sounds* laufen. »Ohne *Pet Sounds* wäre *Sgt. Pepper* nie entstanden«, sagte der Beatles-Produzent George Martin. »*Pepper* war der Versuch, an *Pet Sounds* heranzureichen.«

Dieser kreative Austausch beruhte nicht auf kommerziellem Wettbewerb, sondern auf gegenseitiger Zuneigung. Und wir alle profitieren von dieser Aufwärtsspirale, die zu Großartigem führt.

Kein System vermag einzustufen, welches Werk seinen Schöpfer am besten widerspiegelt. Große Kunst ist eine Einladung und beinhaltet die Aufforderung an Kreative überall, nach noch Höherem zu streben und sich noch mehr einzulassen.

⊙

Allerdings gibt es eine Art von Wettkampf, die eine unendliche Bereicherung sein kann. Es handelt sich um eine Geschichte, die sich während eines künstlerischen Lebens immer weiter entfaltet: den Wettkampf mit dem eigenen Selbst.

Stell ihn dir als Streben nach Entwicklung vor. Ziel ist es nicht, unser bisheriges Werk zu schlagen, sondern die Dinge voranzutreiben und ein Fortschrittsempfinden zu entwickeln. Es geht nicht um Überlegenheit, sondern um Wachstum.

Unsere Fertigkeit und unser Geschmack mögen sich weiterentwickeln und mit der Zeit zu einer Reihe von Werken führen, doch sollten wir keine Wertungen anstellen. Es sind unterschiedliche Momentaufnahmen dessen, wer wir sind und wer wir waren. Jede ist unsere beste Arbeit in dem Moment, in dem sie entstanden ist.

Mit jedem neuen Projekt stellen wir uns der Herausforderung, das, was in diesem speziellen Zeitfenster in uns lebendig ist, so schön wie möglich wiederzugeben.

Stell dir im Geist dieses Wettkampfes mit dir selbst die Aufgabe, weiterzukommen und dich ins Unerwartete vorzuwagen. Lass dich selbst von Großartigem nicht aufhalten. Trau dich und geh noch weiter.

Essenz

Egal, wie verzwickt eine Arbeit sein mag, ihr liegt stets eine Essenz zugrunde. Eine Kernidentität oder Grundstruktur wie das Skelett beim Menschen. Man könnte es »Ist-heit« nennen.

Ein Kind wird ein Haus mit einem Fenster, einem Dach und einer Tür malen. Nimmst du das Fenster weg, siehst du immer noch das Haus. Nimmst du die Tür weg, ist es ebenfalls noch ein Haus. Nimmst du das Dach und die Außenwände weg und lässt nur Fenster und Tür übrig, dann ist das Haus nicht mehr zu erkennen.

Ebenso hat jedes Kunstwerk ein einzigartiges Merkmal, das es lebendig und zu dem macht, was es ist. Das können das Thema, das Organisationsprinzip, der Standpunkt der Künstlerin, die Qualität der Ausführung, die Materialien, die vermittelte Stimmung oder eine Kombination daraus sein. Jedes dieser Elemente kann für die Gestaltung der Essenz eine Rolle spielen.

Ob ein Bildhauer Stein oder Ton verwendet, wirkt sich

sehr unterschiedlich auf das Erleben des Werks aus. Doch können ein Werk aus Stein und eines aus Ton ein und dieselbe Essenz haben.

Die Essenz ist immer da, und unsere Aufgabe beim konkreten Schaffen ist es, sie nicht zu verschleiern. Natürlich kann sich die Essenz des Werks während unserer Arbeit daran verändern. Vielleicht taucht beim Verfeinern, beim Hinzufügen oder Umordnen von Elementen eine andere, neue Essenz auf.

Manchmal kennen wir während des Arbeitsprozesses die Essenz sogar noch gar nicht. Wir experimentieren einfach nur und spielen herum. Haben wir schließlich etwas geschaffen, das uns gefällt, wird uns die Essenz dann vielleicht bewusst.

Es ist eine nützliche, informative Übung, die Arbeit so zu destillieren, dass möglichst nur ihre Essenz übrig bleibt. Wie viele Teile kannst du wegnehmen, ohne dass das Werk aufhört, das zu sein, woran du arbeitest?

Verfeinere es so lange, bis es ganz nackt ist, so wenig dekorativ wie möglich, aber dennoch intakt. Ohne jeden Zusatz. Manchmal kann eine Ausschmückung nützlich sein, meist ist sie es nicht. Weniger ist im Allgemeinen mehr.

Willst du zwei Einzelteile miteinander verbinden – etwa zwei Sätze oder zwei Liedteile –, dann ist die Wirkung häufig enorm, wenn du keinen Übergang verwendest. Finde unter Einsatz von möglichst wenig Information die einfachste, eleganteste Art und Weise, um etwas Bestimmtes auszudrücken.

Jeder Zweifel, ob ein Element dem Werk dient, legt nahe, dass es vermutlich gut wäre, es loszulassen. Manche Künstler sind abergläubisch, wenn es darum geht, Teile aus einer Arbeit zu entfernen. Als würde sich dadurch das Projekt vor ihren Augen in Luft auflösen. Sei dir daher bewusst, dass du alles, was du wegnimmst, bei Bedarf später auch wieder hinzufügen kannst.

> Vollkommenheit entsteht offensichtlich nicht dann, wenn man nichts mehr hinzuzufügen hat, sondern wenn man nichts mehr wegnehmen kann.
>
> Antoine de Saint-Exupéry,
> *Wind, Sand und Sterne**

* Mit freundlicher Genehmigung des Karl Rauch Verlags.

Zu guter Letzt
kann uns die Essenz unserer
einzelnen Werke in der Gesamtsumme
als Spiegelbild dienen.
Je näher wir der jeweils wahren
Essenz unserer Werke kommen,
desto schneller werden sie uns
irgendwie, irgendwann
Hinweise auf unsere eigene Essenz geben.

Apokryphen

Jeder Künstler hat seine Helden.

Kunstschaffende, mit deren Werk wir in Verbindung treten, deren Methoden wir anstreben, deren Worte wir lieben. Diese Ausnahmetalente erscheinen uns mitunter wie übermenschliche, mythologische Gestalten.

Was können wir aus der Ferne als wahr erkennen?

Wenn wir die tatsächliche Entstehung eines von uns geliebten Werks nicht miterlebt haben, können wir unmöglich wissen, wie es wirklich vonstattengegangen ist. Und selbst wenn wir den Entstehungsprozess mit eigenen Augen beobachten würden, wäre unsere Beschreibung bestenfalls eine Interpretation von außen.

Die Geschichten über die Entstehungsweise von Werken und über die Rituale ihrer Schöpferinnen sind im Allgemeinen übertrieben oder gar reine Fiktion.

Ein Kunstwerk entsteht aus sich selbst heraus auf ganz natürliche Weise. Wir fragen uns vielleicht, woher die Grundidee stammt und wie sich die einzelnen Elemente zu einem solchen Meisterwerk zusammensetzen konnten. Doch niemand weiß, wie oder warum so etwas geschieht. Häufig weiß es nicht einmal die Künstlerin selbst.

Und wenn sie glaubt, es zu wissen, ist auch ihre Interpretation nicht unbedingt korrekt oder vollständig.

Wir leben in einer geheimnisvollen Welt der Ungewissheiten und stellen regelmäßig Theorien auf, um sie zu erklären. Wir wollen die Komplexität unserer menschlichen Erfahrung vereinfachen, um unseren natürlichen Zustand der Verwirrtheit zu beenden. Und zu überleben.

Im Allgemeinen sind die Erklärungsversuche nichts als Vermutungen. Unsere vagen Hypothesen setzen sich im Kopf als Fakten fest. Wir sind Interpretiermaschinen und gewinnen durch das Labeln Abstand – ein wirksamer, aber irreführender Vorgang. Wir sind keine verlässlichen Erzähler unserer eigenen Erfahrung.

Wenn daher ein Künstler ein Werk schafft, das von unsichtbarer Hand entsteht, wird die spätere Analyse dieses Vorgangs mehr zu einem Geschichtenerzählen. Es ist eine Geschichte über Kunst. Die Wirklichkeit dieser Kunst wird für immer unbekannt bleiben.

Solche Geschichten mögen zwar interessant sein und Spaß machen. Aber es ist illusorisch zu glauben, eine bestimmte Methode sei für die Qualität eines Werks verantwortlich. Vor allem dann, wenn es uns veranlasst, diesen Vorgang in der Hoffnung auf ein ähnliches Ergebnis zu wiederholen.

Legendäre Persönlichkeiten in Kunst und Geschichte werden mitunter wie Gottheiten behandelt. Uns an ihnen zu messen ist kontraproduktiv, denn sie haben niemals so existiert. Sie sind, genau wie wir, Wesen mit typisch menschlichen Schwächen und Fehlern.

Jede Künstlerin arbeitet mit ihrer ureigenen Balance aus Stärken und Schwächen. Und keine Regel besagt, dass überaus lobenswerte Stärken oder romantisierte selbstzerstörerische Tendenzen besonders gute Kunst ausmachen würden. Wichtig ist nur, sich selbst auszudrücken.

Alle Kunst ist eine Form von Poesie. Sie verändert sich ständig und bleibt nie stehen. Wir denken vielleicht, wir wüssten um die Bedeutung eines Werks, das wir geschaffen haben, doch mit der Zeit kann sich diese Interpretation auch ändern. Der Schöpfer hört auf, Schöpfer zu sein, wenn das Werk fertig ist. Dann wird er zum Betrachtenden. Und als solcher kann er ebenso viel eigene Bedeutung in ein Werk legen wie der Schöpfer.

Die wahre Bedeutung eines Werks werden wir niemals erfahren. Wir sollten nicht vergessen, dass hier Kräfte wirken, die uns unbegreiflich sind. Lasst uns Kunst machen. Mögen andere die Geschichten dazu erfinden.

Wir bewegen uns im Reich der Magie.
Niemand weiß, wie oder warum sie funktioniert.

Abschalten
(Störende Stimmen)

Es kann Jahre, vielleicht sogar Jahrzehnte dauern, bis wir unser erstes Projekt erschaffen haben. In der Regel entwickelt es sich ganz unspektakulär in einem Vakuum, in einem Gespräch meist mit uns selbst.

Erst wenn wir es mit anderen teilen, kommen äußere Einflüsse hinzu. Ein Publikum taucht auf, egal, ob es aus Freunden oder aus großen Gruppen von Fremden besteht. Einzelpersonen und Firmen mit Geschäftsinteressen steigen mit ein. Und während wir schon an unserem nächsten Projekt arbeiten, werden vielleicht Stimmen von außen laut, die uns in verschiedenen kreativen Richtungen beeinflussen wollen. Die das Werk sofort einfordern, ohne sich um die Qualität zu sorgen.

Wenn sich solche Stimmen – die Sorge um Fristeinhaltung, Geschäftsabschlüsse, Verkäufe, Medienaufmerksamkeit, Image, Personal, Fixkosten, Publikumswirksamkeit, Erhalt des bestehenden Grundstamms an Fans – im Kopf des Künstlers breitmachen, unterminieren sie womöglich seinen Fokus. Die Intention seiner Kunst verschiebt sich dann vom Selbstausdruck hin zum Selbsterhalt. Von kreativen hin zu geschäftlichen Entscheidungen.

Um in dieser Phase der künstlerischen Reise das Ruder in der Hand zu behalten, müssen wir unbedingt lernen abzuschalten. Damit sich kein äußerer Druck in unseren inneren Prozess hineinschiebt und die reine Kreativität stört.

Jetzt sollten wir uns an die klare Haltung erinnern, die unser erstes Werk und den Erfolg ermöglicht hat.

Wir müssen nicht nur unsere geschäftlichen Anliegen zurückstellen, sondern auch die Bedürfnisse und Gedanken dieser äußeren Stimmen. Halte sie aus deinem Bewusstsein heraus, während du danach strebst, dein bestes Werk zu erschaffen.

Wenn du dich einzig und allein auf Kreativität und das Arbeiten in einem heiligen Raum konzentrierst, profitieren alle davon. Und auch sämtliche anderen Prioritäten werden bedient.

⊙

In jedem Abschnitt einer Karriere kann die Kritikerin im Kopf die Stimme erheben und uns einreden, wir seien nicht talentiert genug. Unsere Idee sei nicht gut genug. Wir bräuchten unsere Zeit gar nicht erst in die Kunst zu investieren. Das Ergebnis werde nicht gut ankommen. Wir seien Versager.

Oder eine entgegengesetzte Stimme sagt uns, unsere Arbeit sei perfekt und wir würden zum größten Phänomen werden, das die Welt je gesehen habe.

Meist handelt es sich dabei um Dinge, die uns schon früh im Leben eingeredet wurden. Vielleicht von einem kritischen oder begeisterten Elternteil, einer Lehrerin oder Mentorin. Das sind die Urteile anderer, die wir verinnerlicht haben, es ist nicht unsere eigene Stimme. Und deshalb können wir ihnen mit derselben Gleichmut begegnen wie dem sonstigen Geschwätz.

Aller Druck, den wir – von innen oder außen – bei der Arbeit spüren, ist ein Aufruf zur Selbstbeobachtung. Ziel des Künstlers ist es, unverfälscht und unabhängig zu bleiben, damit er nicht von Stress, Verantwortlichkeitsgefühlen, Angst oder Abhängigkeit von einem bestimmten Ergebnis abgelenkt wird. Und falls das doch passiert, können wir uns jederzeit wieder neu ausrichten.

Dabei ist der erste Schritt das Anerkennen: Nimm wahr, dass du das Gewicht der Selbstkritik oder den Druck verspürst, Erwartungen gerecht zu werden. Und denk dran, dass der kommerzielle Erfolg sich komplett deiner Kontrolle entzieht. Es zählt nur, dass du hier und jetzt etwas tust, das du liebst.

Sich von den inneren Stimmen zu befreien kommt einer Art Meditation gleich. Lass eine Zeit lang bewusst alle Sorgen beiseite, indem du dir sagst: Ich konzentriere mich jetzt ausschließlich darauf, gute Arbeit zu leisten.

Treten in diesem Zeitraum irgendwelche Störungen auf, solltest du sie weder ignorieren noch dich auf sie fokussieren. Schenke ihnen einfach keine Aufmerksamkeit. Lass sie wie Wolken, die sich an einem Berg teilen, an dir vorüberziehen.

Wenn du diese Übung regelmäßig machst, trainierst du den Muskel für fokussierte Intention, den du für alle deine Unternehmungen nutzen kannst. Am Ende wird es dich keine Willensanstrengung mehr kosten, die störenden Stimmen auszublenden und in deine Arbeit einzutauchen. Es wird eine erlernte Fähigkeit sein.

Selbstgewahrsein

Nur wenigen Menschen wird in der Kindheit beigebracht, die eigenen Gefühle zu verstehen und ernst zu nehmen. Das Bildungswesen ist meist nicht daran interessiert, dass wir Zugang zu unserem Feingefühl bekommen – wir sollen vielmehr folgsam sein. Und tun, was von uns erwartet wird. Unser von Natur aus unabhängiger Geist wird gezähmt. Das freie Denken wird eingeschränkt. Uns werden Regeln auferlegt und Erwartungen an uns gestellt, bei denen es nicht darum geht zu erforschen, wer wir sind oder was wir können.

Das System ist nicht zu unserem Nutzen da. Es hält uns als Einzelne zurück, um seinen eigenen Fortbestand zu sichern. Dies untergräbt vor allem das unabhängige Denken und den freien Ausdruck. Als Künstlerin ist es nicht unsere Aufgabe, uns anzupassen oder dem gängigen Denken zu entsprechen. Für uns geht es darum, ein Verständnis von uns selbst und von der Welt zu entwickeln, die uns umgibt.

Selbstgewahrsein ist die Fähigkeit, uns mit dem zu verbinden, was wir denken, wie wir fühlen und wie viel wir ohne äußere Beeinflussung wahrnehmen. Uns bewusst zu machen, wie wir die Außenwelt wahrnehmen.

Eine gut abgestimmte Fähigkeit, unser Selbstgewahrsein zu erweitern und zu verfeinern, ist der Schlüssel zum Erschaffen von großen Werken. Manchmal gibt es viele ziemlich gute Versionen. Woher wissen wir, wann wir wirklich Bedeutendes erreicht haben?

Selbstgewahrsein ermöglicht uns, zu hören, was im Körper vor sich geht, und auf den Energiefluss zu achten, der uns entweder weiterbringt oder ablenkt. Mal ist er ganz fein, mal sehr intensiv.

Wie wir uns selbst in unserer Identität als Künstler wahrnehmen, steht in direktem Bezug zu der Art und Weise, wie wir uns auf unsere innere Erfahrung einstimmen, und nicht dazu, wie wir von außen wahrgenommen werden. Je mehr wir unser Selbst durch die Augen anderer betrachten und uns damit identifizieren, desto weniger sind wir mit uns selbst verbunden und desto weniger Energie steht uns zur Verfügung.

Wir lassen die Anhaftung an unser vermeintliches Selbst und unsere Begrenzungen los. Die Reichweite für ein höheres Bewusstsein nimmt zu. Wir versuchen, uns nicht zu definieren, sondern weiter zu werden, uns auf unsere unbegrenzte Natur und Verbindung zu allem, was ist, einzustimmen.

Selbstgewahrsein bedeutet Transzendenz. Verzicht auf das Ego. Loslassen.

Der Begriff scheint nur schwer zu fassen, weil er Einstimmung auf das Selbst und Selbstaufgabe zugleich bedeutet. Und doch sind beide in Wahrheit gar nicht so widersprüchlich. Als Künstlerin sind wir beständig auf der Suche danach, uns dem Universum anzunähern, indem wir uns selbst näherkommen. Uns noch weiter auf den Punkt zuzubewegen, ab dem wir nicht mehr unterscheiden, wo das eine beginnt und das andere aufhört. Wir befinden uns auf einer freien metaphysischen Reise vom Hier zum Jetzt.

Es ist hilfreich, mit dem Bewusstsein zu arbeiten, dass dein Projekt etwas Größeres ist als du.

Direkt vor unseren Augen

Gelegentlich überkommt den Künstler ein Gefühl der Stagnation. Eine Blockade. Nicht etwa, weil der kreative Flow zum Erliegen gekommen wäre. Das kann er gar nicht, denn diese produktive Energie ist ständig vorhanden. Nur will er sie vielleicht gerade nicht nutzen.

Stell dir die kreative Hängepartie als eine andere Art schöpferischen Vorgang vor. Als selbst verursachte Blockade. Als bewusste oder unbewusste Entscheidung, sich nicht an den Strom produktiver Energie anzuschließen, der stets zur Verfügung steht.

Wenn wir uns eingeengt fühlen, schaffen wir vielleicht durch Loslassen eine Öffnung. Halten wir nicht länger an unseren analytischen Gedanken fest, findet der Flow womöglich leichter einen Weg durch uns hindurch. Wir können sein und tun, statt zu denken und zu versuchen. Etwas in der Gegenwart erschaffen, statt die Zukunft vorwegzunehmen.

Wenn wir loslassen, liegt die von uns gesuchte Antwort

womöglich direkt vor uns. Eine neue Idee taucht auf. Ein Gegenstand im Raum inspiriert uns. Körpergefühle breiten sich aus.

Es lohnt sich, dies nicht zu vergessen in schwierigen Momenten, in denen wir glauben, wir würden feststecken, hätten unseren Weg verloren und nichts mehr zu geben.

Was, wenn das alles nur eine Geschichte ist?

Hüte dich jedoch davor, ein Projekt vorzeitig aufzugeben, weil du dem Alles-oder-nichts-Denken nachgegeben hast. Ich habe bei mehreren Künstlern miterlebt, wie sie angefangene Projekte aus genau diesem Grund wieder aufgaben. Es ist einfach, etwas herzustellen und die ganze Arbeit zunichtemachen zu wollen, nur weil man einen Fehler entdeckt hat. Ein in allen Lebensbereichen typischer Reflex.

Wenn du dir deine Arbeit anschaust, übe dich darin, sie ohne Vorurteil als das zu sehen, was sie wirklich ist. Sei offen und sieh die Stärken und die Schwächen, statt dich nur auf Letztere zu konzentrieren und ihnen zu erlauben, die Oberhand zu gewinnen. Vielleicht stellst du dann fest, dass 80 Prozent der Arbeit ziemlich gut sind und das Werk großartig wird, wenn du die restlichen 20 genau einpasst. Das ist viel besser, als alles komplett zu verwerfen, nur weil ein kleiner Teil noch nicht tadellos passt. Überlege dir immer erst, wie du eine Schwachstelle beseitigen oder verbessern kannst, bevor du das ganze Werk abschreibst.

Was, wenn die Kreativität immer da ist und geduldig an die Tür unserer Wahrnehmung klopft, bis wir sie endlich hereinlassen?

Die Antworten werden sich zeigen,
wenn du offen bist für das,
was geschieht, und wach bleibst.

Ein Flüstern jenseits der Zeit

Künstler stellen gern die Bedeutsamkeit ihrer Ideen infrage.

Ein fünf Jahre andauernder Schaffensprozess könnte im flüchtigen Augenblick eines Traums oder in einer an einem Parkplatz aufgeschnappten Bemerkung entstanden sein. Rückblickend erscheint uns dieses winzige Samenkorn, das uns auf einen verschlungenen Pfad geführt hat, vielleicht unbedeutend. Wir fragen uns womöglich, ob es groß genug war oder ob die Richtung, die wir eingeschlagen haben, bedeutsam genug ist, um weiterzumachen.

Während wir Samen für unsere Arbeit einsammeln, könnten wir versucht sein, nach großen Zeichen Ausschau zu halten, bevor wir uns festlegen. Nach einem Donnerschlag, der uns versichert, dass wir den richtigen Weg gefunden haben. Womöglich verwerfen wir Ideen, die uns nicht wichtig oder groß genug vorkommen.

Dabei spielt die Größe keine Rolle. Volumen ist nicht gleich Wert.

Wir können das Material der großen Quelle nicht nach seiner allerersten Wirkung bemessen. Manchmal wächst sich das kleinste Samenkorn zum größten Baum aus. Die unschuldigste Idee kann zu einem bedeutenden Text führen. Banale Erkenntnisse können die Tore zu unermesslichen neuen Welten öffnen. Die feinste Botschaft könnte von größter Bedeutung sein.

Selbst wenn das Samenkorn nicht mehr als das ist, was wir sehen – eine flüchtige Wahrnehmung, ein unerwarteter Gedanke oder auch nur das Echo einer Erinnerung –, es genügt.

Meist gibt die große Quelle nur kleine Hinweise auf eine Inspiration oder Ausrichtung. Sie erscheinen als winzige Signale, die still und fein, wie ein Flüstern, durch die Leere des Raums reisen.

⊙

Der Geist muss still sein, damit er das Flüstern hören kann. Wir sind auf allen Ebenen aufmerksam, unsere Antennen feingestimmt.

Um unsere Aufnahmefähigkeit zu steigern, müssen wir in unseren Bemühungen nachlassen. Versuchen wir zu sehr, ein Problem zu lösen, kann uns ebendieses *Versuchen* im Weg stehen. Wenn wir in einem Teich planschen, werden Sandwolken aufgewirbelt, und das klare Wasser wird trüb. Ist unser Geist entspannt, haben wir genügend Klarheit, um das Flüstern zu hören.

Neben dem Meditieren könnten wir auch mit einer Frage im Kopf spazieren oder schwimmen gehen oder eine Runde Auto fahren. Es geht nicht darum, die Frage weiter zu bearbeiten, wir behalten sie einfach im Hinterkopf. Wir richten sie sanft ans Universum und sind offen für eine Antwort.

Mal scheinen die Worte von außen aufzutauchen, mal von innen. Auf welchem Weg die Information auch kommt, wir erlauben ihr, es auf anmutige und mühelose Weise zu tun. Ein Flüstern lässt sich nicht ins Dasein zwingen, es wird durch einen offenen Bewusstseinszustand willkommen geheißen.

Erwarte eine Überraschung

Wenn du einmal darauf achtest, stellst du vielleicht fest, dass manche deiner interessantesten künstlerischen Entscheidungen zufällig gefallen sind. In Augenblicken der Verbundenheit mit dem Werk, wenn das Selbst verschwindet. Mitunter fühlen sie sich wie Fehler an.

Solche Fehler kommen zustande, wenn das Unterbewusstsein Probleme löst. Sie sind die Art freudscher Fehlleistung, bei der sich etwas, das tiefer in dir liegt, über deine bewusste Absicht hinwegsetzt und eine elegante Lösung anbietet. Auf die Frage, wie das passiert ist, wirst du dann antworten, dass du es nicht weißt. In einem bestimmten Moment war sie einfach da.

Mit der Zeit gewöhnst du dich daran, schwer erklärbare Momente zu erleben, in denen du der Kunst, ohne es zu beabsichtigen, genau das gibst, was sie braucht. In denen eine Lösung ohne dein Zutun plötzlich da zu sein scheint.

Nach und nach lernst du, dich auf dieses Nichtgreifbare zu verlassen.

Für manche Künstlerinnen ist das Überraschtwerden eine seltene Erfahrung. Doch man kann üben, es einzuladen.

Zum einen, indem man die Kontrolle abgibt. Lass alle Erwartungen darüber los, wie das Werk sein wird. Gehst du den Prozess demütig an, wird dich das Unerwartete häufiger aufsuchen. Vielen von uns wird beigebracht, dass sie für ihre kreative Tätigkeit den bloßen Willen nutzen sollen. Entscheiden wir uns dagegen für Hingabe und Loslassen, werden die Ideen, die durch uns in die Welt wollen, nicht blockiert.

Stell dir vor, du schreibst ein Buch und folgst dabei einer detaillierten Gliederung. Leg sie einfach einmal beiseite und schreib ohne Plan weiter. Schau, was dann passiert. Vielleicht entwickelt sich deine Geschichte, abgesehen vom Ausgangspunkt, nun in eine ganz andere Richtung, die du nicht hättest vorherbestimmen können und die nie aufgekommen wäre, wenn du weiter deinem festgelegten Plan gefolgt wärst.

Hast du eine klare Absicht, lässt das Ziel jedoch offen, dann kannst du dein Bewusstsein getrost sich selbst überlassen, in den wilden Strom kreativer Energie eintauchen und zuschauen, wie wieder und wieder Unerwartetes erscheint.

So führt eine kleine Überraschung zur nächsten, bis du die allergrößte erlebst: Du lernst, dir – im Universum und mit dem Universum – als einzigartigem Kanal zu einer höheren Weisheit zu vertrauen.

Diese Intelligenz liegt jenseits unseres Verständnisses. Es ist die Gnade, die sie für alle zugänglich macht.

Ein Leben im Entdeckermodus ist einem Leben mit festen Vorstellungen zu allen Zeiten vorzuziehen.

Große Erwartungen

Zu Beginn eines neuen Projekts haben wir es häufig mit Ängsten zu tun. Sie befallen uns fast ausnahmslos, egal, wie erfahren, erfolgreich oder vorbereitet wir sind.

Konfrontiert mit der Leere, entsteht eine Spannung der Gegensätze. Wir sind aufgeregt, weil etwas Großes entstehen könnte, und befürchten zugleich eine Enttäuschung. Und das Ergebnis haben wir nicht unter Kontrolle.

Das Gewicht unserer Erwartungen kann zu einer Last werden. Ebenso die Angst, dass wir der Aufgabe nicht gewachsen sind. Was, wenn wir es dieses Mal nicht schaffen?

Das Vertrauen in den Prozess hilft, diese Sorgen in Schach zu halten und weiterzumachen.

Wir dürfen beim Arbeiten nicht vergessen, dass sich das Ergebnis unserer Kontrolle entzieht. Sind wir bereit, uns mutig und entschieden ins Unbekannte vorzuwagen und all unser gesammeltes Wissen mitzunehmen, dann werden wir schlussendlich an unser Ziel gelangen. Es entspricht zwar womöglich nicht unbedingt dem, wofür wir uns anfangs entschieden hatten, wird aber vermutlich noch interessanter sein.

Dabei geht es nicht um blinden Glauben an uns selbst, sondern um Vertrauen ins Experiment.

Du arbeitest nicht wie ein Evangelist, der Wunder erwartet, sondern wie eine Wissenschaftlerin, die testet, justiert und wieder testet, experimentiert und mit den Ergebnissen weitermacht. Vertrauen wird belohnt, vielleicht mehr noch als Talent oder Fertigkeit.

Wie könnten wir der Kunst denn auch anbieten, was sie benötigt, wenn wir nicht blind vertrauen? Wir müssen an etwas glauben, das nicht existiert, damit es ins Dasein kommen kann.

⊙

Wir warten nicht ab, wenn wir noch nicht wissen, wohin die Reise geht. Wir tasten uns im Dunkeln voran. Bringen unsere Versuche keinerlei Fortschritt, verlassen wir uns auf den Glauben und den Willen. Vielleicht gehen wir im Ablauf ein paar Schritte zurück, um voranzukommen.

Haben wir auch nach zehn Experimenten noch nichts gefunden, was funktioniert, dann haben wir die Wahl. Wir können unser Scheitern persönlich nehmen, uns selbst als Versager und als unfähig betrachten, das Problem zu lösen. Oder wir erkennen an, dass wir zehn Möglichkeiten verworfen haben, weil sie nicht funktionierten, und somit einer Lösung näher gekommen sind. Für die Künstlerin, deren Aufgabe es ist, Möglichkeiten auszutesten, bedeutet es gleichermaßen Erfolg, diese zu verwerfen, wie eine Lösung zu finden.

Im Prozess des Experimentierens erlauben wir uns, Fehler zu machen, zu weit oder gar noch weiter zu gehen, ungeschickt zu sein. Es gibt kein Scheitern, denn jeder – auch jeder falsche – Schritt ist notwendig, damit wir unser Ziel erreichen. Jeder Versuch ist auf seine Weise wertvoll, solange wir daraus lernen. Und selbst wenn er uns sinnlos vorkommt, üben wir dennoch unser Handwerk und erlangen immer bessere Fertigkeiten.

Mit unerschütterlichem Vertrauen arbeiten wir in der Annahme, dass das Problem bereits gelöst ist. Die Antwort findet sich da draußen, vielleicht ist sie sonnenklar. Wir sind ihr nur noch nicht begegnet.

Mit der Zeit und der Fertigstellung weiterer Projekte wächst unser Vertrauen ins Experimentieren. Wir können hohen Erwartungen standhalten, uns geduldig vorwärtsbewegen und auf das Geheimnisvolle vertrauen, das sich vor uns entfaltet. Der Prozess wird uns schon ans Ziel führen. Wo auch immer dieses liegen mag. Und die magische Natur des Sichentfaltens wird niemals aufhören, uns den Atem zu rauben.

Mitunter sind es gerade die Fehler,
die ein großes Werk ausmachen.
Fehler gehören zum Arbeiten wie die Luft zum Leben.

Offenheit

Unser Verstand braucht Regeln und Grenzen. Bei dem Versuch, in einer großen, unsicheren Welt unseren Weg zu finden, entwickeln wir Überzeugungen, die uns einen logischen Rahmen und ein falsches Sicherheitsgefühl geben und unsere Möglichkeiten einschränken.

Bevor es die Zivilisation gab, war die Natur viel gefährlicher. Um zu überleben, musste der Mensch Situationen schnell einschätzen und Informationen ebenso schnell verarbeiten können.

Dieser Überlebensinstinkt hat bis heute überdauert. Angesichts der Unmenge von verfügbaren Informationen sind wir mehr denn je auf Kategorisierung, Etikettierung und Abkürzungen angewiesen. Nur wenige haben die Zeit und das Wissen, um jede neue Entscheidung völlig offen und unvoreingenommen auszuloten. Außerdem gibt es uns Sicherheit, wenn wir uns die Welt kleiner und überschaubarer machen.

Der Künstler legt keinen Wert auf Sicherheit und

Überschaubarkeit. Eine Beschränkung der Palette, damit sie in einen begrenzten Rahmen von Überzeugungen passt, macht ihm das Arbeiten unmöglich. Sie versperrt ihm den Blick auf neue kreative Möglichkeiten und Inspirationsquellen. Spielt eine Musikerin immer wieder ein und dieselbe Note, verliert das Publikum irgendwann das Interesse an ihr.

Immer Gleiches wirkt einfallslos. An einem bestimmten Punkt in der künstlerischen Karriere kann sich der Geist gegenüber neuen Methoden oder Ausdrucksformen verschließen. Eine früher nützliche Routine verwandelt sich mit der Zeit in eine verengte, starre Arbeitsweise. Um aus dieser Haltung auszubrechen, müssen wir weicher und durchlässiger werden und mehr Licht hereinlassen.

Damit sich unsere Kunst weiterentwickelt, müssen wir das Gefäß, aus dem sie schöpft, ständig nachfüllen. Und unseren Blickwinkel aktiv erweitern.

Wir sollten daher Ideen einladen, die anders sind als das, was uns vertraut ist, und versuchen, die Welt abseits unseres Filters zu betrachten. Experimentieren wir also bewusst außerhalb der Grenzen unseres Geschmacks. Probieren wir ruhig Dinge aus, die wir sonst als zu anspruchsvoll oder zu banal empfinden. Was können wir aus solchen Extremen lernen? Welche unerwarteten Überraschungen bergen sie? Können sie uns eine neue Tür zu unserer Arbeit öffnen?

Wie wäre es, wenn du diese Übung auch auf deine Beziehungen ausdehnen würdest? Sieh es als aufregende Chance, wenn dir ein Feedback oder eine Methode eines

Mitarbeiters fragwürdig erscheint und nicht zu deiner bisherigen Einstellung passt. Versuch, dich in seine Perspektive hineinzuversetzen und seinen Standpunkt zu verstehen, statt deinen eigenen zu verteidigen. So wirst du nicht nur das Problem lösen, sondern womöglich etwas Neues an dir selbst entdecken und dir über Dinge bewusst werden, mit denen du dich bisher selbst eingeschränkt hattest.

Aufgeschlossenheit hat mit Neugier zu tun. Neugier ergreift keine Partei und will die Dinge nicht nur auf eine bestimmte Art angehen. Sie erforscht alle Standpunkte, ist immer offen für neue Möglichkeiten und versucht, ganz neue Erkenntnisse zu gewinnen. Sie strebt nach ständiger Entfaltung und blickt mit Staunen auf die Grenzen des Verstandes. Sie will falsch gesetzte Grenzen aufheben und zu neuen Ufern vordringen.

⊙

Taucht im künstlerischen Prozess etwas auf, womit wir nicht klarkommen, dann steht es gewöhnlich im Konflikt mit dem, was wir für möglich halten und was nicht. Oder in Konflikt mit unseren Erwartungen.

Vielleicht entfernt sich ein Song von dem von uns vorgesehenen Genre. Einer Malerin geht eine bestimmte Art von Farbe aus. Oder einem Filmregisseur unterläuft eine Panne mit einem Teil seiner Ausrüstung am Set.

Wenn etwas nicht nach Plan läuft, haben wir die Wahl, uns dagegen zu wehren oder aber es zu integrieren.

Statt abzubrechen oder frustriert zu sein, überlegen wir uns, was wir mit dem vorhandenen Material sonst noch anfangen können. Welche Lösungen lassen sich improvisieren? Wie kann wieder ein Flow entstehen?

Vielleicht verbirgt sich ja etwas Positives hinter dem Problem, und das Universum führt uns zu einer noch besseren Lösung.

Wissen können wir das nicht.

Wir können nur die jeweiligen Herausforderungen annehmen und offen, im Fluss bleiben – ohne eine Geschichte im Gepäck, der wir gerecht werden müssten. Wir fangen einfach an einem neutralen Punkt an, erlauben dem Prozess, sich zu entfalten, und heißen den Wind des Wandels willkommen, damit er uns den Weg weist.

Viele Menschen scheinen
von Mauern umgeben zu sein.
Doch manchmal helfen uns Mauern,
eine andere Perspektive zur Überwindung
oder Umgehung von Hindernissen einzunehmen.

Vor und nach dem Blitzschlag

In Momenten der Inspiration stürmen explosionsartig Informationen auf uns ein. Wie können wir es vermeiden, uns auf solche Blitzschläge zu fixieren? Manche Künstlerinnen leben als Sturmjägerinnen, sie warten auf spontane Einschläge und lechzen nach dem Nervenkitzel.

Strategisch förderlicher ist es, sich weniger auf den Blitzschlag als vielmehr auf die Momente davor und danach zu konzentrieren. Davor, weil der Blitz nur unter den richtigen Voraussetzungen einschlägt, und danach, weil die Elektrizität verpufft, wenn wir sie nicht auffangen und nutzen. Schlägt eine Offenbarung bei uns ein, hat sich unsere Erfahrung dessen, was möglich ist, erweitert. In solchen Augenblicken werden wir aufgebrochen, wir treten in eine neue Wirklichkeit ein. Mal ist diese Erfahrung flüchtig, mal bleibt sie uns, auch wenn der außergewöhnliche Zustand selbst natürlich nicht anhält.

Sollte ein Blitz einschlagen und diese Information wird durch den Äther zu uns geleitet, zieht dies viel praktische

Arbeit nach sich. Zwar können wir den Zeitpunkt eines Blitzeinschlags nicht anordnen, das Davor und Danach aber kontrollieren, indem wir uns im Vorhinein darauf einstellen und im Nachhinein unsere Verpflichtung ihm gegenüber einlösen.

Auch wenn der Blitz nicht einschlägt, brauchen wir unsere Arbeit nicht aufzuschieben. Manche Sturmjäger glauben, Inspiration gehe dem schöpferischen Akt voraus. Das stimmt aber nicht uneingeschränkt. Ohne Blitzschlag zu arbeiten heißt einfach, zu arbeiten. Wie ein Schreiner gehen wir jeden Tag unserer Arbeit nach. Bildhauerinnen kneten Ton, fegen den Boden im Atelier und schließen es abends ab. Grafikdesigner sitzen an ihrem Arbeitsplatz, wählen Bilder und Schrifttypen aus, stellen Layouts her und drücken auf *Speichern*.

Künstlerinnen sind letztlich Handwerkerinnen. Manchmal kommen uns Ideen wie Blitze aus heiterem Himmel. Dann wiederum nur aufgrund von Anstrengung, Experimenten und blankem Handwerk. Beim Arbeiten stellen wir Verbindungen fest und erleben staunend das Wunder, das sich im Tun selbst offenbart. In gewisser Weise sind solche kleinen Aha-Momente ebenfalls Blitzschläge. Weniger eindringlich zwar, doch auch sie erhellen unseren Weg.

Ein Blitzschlag ist vielleicht nur ein vorübergehendes Phänomen, ein flüchtiger Moment, in dem sich kosmisches Potenzial zeigt. Nicht jede Inspiration oder Idee ist dazu bestimmt, ein großes Kunstwerk zu werden. Mitunter haben wir keine Verwendung dafür. Ein solcher Augenblick kann uns derart begeistern, dass wir lange nach einer praktischen Umsetzung suchen, nur um am Ende in einer Sackgasse zu landen.

Herausfinden können wir das nur, wenn wir uns mit ganzem Herzen auf die Arbeit einlassen. Ohne Fleiß führt Inspiration nur selten zu einem ernst zu nehmenden Resultat. Bei manchen Projekten ist Inspiration nur minimal vorhanden, die Anstrengung überwiegt. Bei anderen wiederum schlägt die Inspiration ein, aber die Anstrengung, die nötig wäre, damit sich ihr Potenzial offenbart, kann nicht aufgebracht werden.

Für die Entstehung großer Kunst ist nicht immer großer Einsatz vonnöten, aber wenn wir ihn nicht leisten, werden wir das nie herausfinden. Ruft die Inspiration, reiten wir den Blitz so lange, bis sich die Energie erschöpft hat.

Der Ritt ist vielleicht nur von kurzer Dauer. Aber wir sind dankbar für die Chance. Kommt keine Inspiration, um uns den Weg zu weisen, machen wir uns trotzdem an die Arbeit.

Tu, was du kannst,
mit dem, was du hast.
Mehr brauchst du nicht.

Rund um die Uhr
(Dranbleiben)

Ein Künstler hat nie wirklich Feierabend.

In vielen Berufen lassen wir, wenn wir nach Hause gehen, die Arbeit im Büro zurück. Der Künstler hält sich stets auf Abruf bereit. Auch wenn wir uns schon stundenlang mit unserer Kunst beschäftigt haben, läuft die Uhr trotzdem weiter.

Denn die Arbeit des Künstlers besteht aus zweierlei Dingen:

aus dem Tun und

aus dem Sein.

Kreativität ist nichts, was man nur tut, sondern etwas, das man ist. Wir gehen jede Minute und jeden Tag mit ihr durch die Welt. Sind wir nicht von einem unrealistischen Maß an Hingabe getrieben, ist es vermutlich nicht der richtige Weg für uns. Es ist paradox, dass es in der künstlerischen Arbeit so viel um Balance geht, wenn in einem solchen Leben so wenig Platz dafür bleibt.

Hast du dich den Anforderungen eines kreativen Lebens erst einmal gefügt, wird es Teil von dir. Sogar mitten in einem Projekt hältst du jeden Tag Ausschau nach neuen Ideen. Du bist jederzeit bereit innezuhalten, um etwas zu notieren, zu skizzieren oder einen flüchtigen Gedanken festzuhalten. Dies wird zu deiner zweiten Natur. Tagtäglich und zu jeder Stunde bist du eingeschaltet.

Dranbleiben bedeutet die Verpflichtung, stets offen für das zu sein, was dich umgibt. Achtsam zu sein und zuzuhören. Nach Verbindungen und Beziehungen in der Außenwelt zu suchen. Nach Schönheit Ausschau zu halten, nach Geschichten. Auf alles zu achten, was dich interessiert, was dich anspricht. Und zu wissen, dass dir all dies zur Verfügung steht, wenn du dich das nächste Mal zum Arbeiten hinsetzt und die Rohdaten in Form bringst.

Niemand kann sagen, woher die nächste große Geschichte oder Geschäftsidee, das nächste Bild oder Rezept kommen wird. Ähnlich wie ein Surfer die Wellen nicht unter Kontrolle hat, sind Künstlerinnen abhängig von den schöpferischen Rhythmen der Natur. Deshalb ist es so wichtig, immer bewusst und präsent zu sein. Zu beobachten und zu warten.

Vielleicht fällt dir
ja gerade heute Abend
die beste Idee ein,
die du je hattest.

Spontaneität
(Besondere Momente)

Der Song, der gleich vollständig da ist.

Die impulsiven Pinselbewegungen eines Jackson Pollock.

Das erstklassige Outfit, das sich ein Modedesigner gerade übergeworfen hat.

Künstler loben gern spontan entstandene Werke und meinen, in Werken, die nicht sorgfältig geplant, sondern aus spontaner Eingebung entstanden sind, steckten eine höhere Reinheit und Besonderheit.

Aber kannst du den Unterschied zwischen spontaner Kunst und solcher erkennen, die mit Bedacht geschaffen wurde? Und spielt dieser Unterschied eine Rolle?

Zufällig entstandene Kunst hat nicht mehr oder weniger Gewicht als Kunst, deren Herstellung Mühen und Herzblut gekostet hat.

Ob sie nach Monaten oder Minuten fertig war, hat keine Bedeutung. Qualität hat nichts mit der Menge an investierter Zeit zu tun. Solange uns gefällt, was dabei herausgekommen ist, hat das Werk seinen Zweck erfüllt.

Spontaneität kann als Narrativ in die Irre führen. Wir sehen ja nicht, wie viel Übung und Vorbereitung es eine Künstlerin gekostet hat, ein spontanes Ereignis zuzulassen. Jedes Werk enthält ein ganzes Leben an Erfahrung.

Große Künstler arbeiten oft hart daran, ihr Werk mühelos erscheinen zu lassen. Sie verbringen bisweilen Jahre mit der sorgfältigen Gestaltung und Verfeinerung der Struktur, bis es so aussieht, als wäre es an einem Tag oder gar in einem Augenblick entstanden.

Andere dagegen romantisieren die Planung und Vorbereitung. Für sie ist eine spontan entstandene Arbeit weniger wert. Sie scheint eher ein glücklicher Zufall zu sein, als dem Talent der Künstlerin zu entspringen.

Wie wäre es mit einer neutralen Einstellung? Mach deine Arbeit und lass dich überraschen. Nimm das Ergebnis gutwillig an, wenn du es magst, ganz egal, ob es durch einen Blitzschlag oder nach langer, mühevoller Arbeit entstanden ist.

Einigen Künstlern fällt die Arbeit leicht. Bob Dylan konnte in wenigen Minuten einen Song schreiben, während Leonard Cohen manchmal Jahre dazu brauchte. Doch die Lieder lieben wir gleichermaßen.

Für diesen rätselhaften Vorgang gibt es weder Struktur noch Logik. Nicht alle Projekte sind gleich, keine zwei Menschen gleichen einander. Das Projekt ist der Leitfaden, ihm folgen wir. Und jedes bringt seine eigenen Umstände und Anforderungen mit sich.

⊙

Wenn unser künstlerisches Schaffen eine intellektuelle Grundlage hat, könnte es sinnvoll sein, mit der Spontaneität zu spielen, sie als Werkzeug zu nutzen oder als Fenster, um Neues zu entdecken und Zugang zu anderen Teilen von uns selbst zu finden.

Das Festhalten an einer bestimmten kreativen Vorgehensweise verschließt der Spontaneität die Tür. Dabei wäre es nützlich, sie zumindest kurzfristig einmal weit aufzustoßen. Wir machen das Experiment, alles loszulassen, damit wir von einer ganz neuen Entdeckung überrascht werden können.

Wenn du dich einmal ohne jede Vorbereitung und ohne Hintergedanken zum Schreiben hinsetzt, umgehst du vielleicht das Bewusstsein und schöpfst direkt aus dem Unbewussten. Und stellst fest, dass das Ergebnis eine Kraft enthält, die mit rationalen Mitteln nicht herstellbar wäre.

Dieser Ansatz liegt manchen Jazzarten zugrunde. Wenn Musiker improvisieren, können vorgefasste musikalische Ideen verhindern, dass ihr Stück in Fahrt kommt. Das Ziel besteht darin, sich einzulassen, damit sich die Musik trotz aller Risiken im Wesentlichen selbst spielen kann. An guten Abenden wird die Aufführung gut sein, an schlechten nicht. Und vielleicht sind die besten Jazzmusikerinnen diejenigen, die die Fähigkeit besitzen, relativ durchgängig spezielle Momente zu schaffen. Selbst Spontaneität verbessert sich durch Übung.

Vielleicht befürchtest du, dass du in einem Augenblick der Spontaneität eine großartige Idee übersiehst oder dass sie dir wieder entgleitet. Damit das nicht passiert, mache ich bei der Arbeit mit einem Künstler ständig Notizen. Wenn Beobachter von außen ins Studio kommen, sind sie oft sehr erstaunt, weil der Prozess so klinisch wirkt. Sie hatten sich das Arbeiten wie eine große Party vorgestellt. Stattdessen machen wir uns detaillierte Notizen zu Schwerpunkten und Experimenten, die wir noch ausprobieren wollen. Zu fast allem, was gesagt wird, schreibt jemand etwas auf. Zwei Wochen später kommen dann womöglich Fragen auf wie: *Wie ging noch mal der Text, der uns so gefiel? Wie klang die letzte Version von diesem Element? Welches Take war das beste Fill für den zweiten Refrain?* Und schon greifen wir zu unseren Notizen.

Immerzu entsteht eine Menge Material, und wir gehen so im Augenblick auf, dass es unmöglich wäre, sich an alles zu erinnern, selbst wenn es erst Sekunden her ist. Sind wir am Ende eines Songs angelangt, bin ich derart ins Zuhören vertieft, dass diese Gedanken verschwunden sind. Gewissenhafte Notizen seitens einer beteiligten Beobachterin helfen zu vermeiden, dass besondere Momente im Strudel der Begeisterung verloren gehen.

Es kommt mitunter vor,
dass ein außergewöhnliches Kunstwerk
in einem ganz gewöhnlichen Augenblick
zustande kommt.

Wie man sich entscheidet

Jedes Kunstwerk besteht, gleich einem Baum mit vielen Zweigen, aus einer ganzen Reihe von Entscheidungen.

Unsere Arbeit fängt mit einem Samenkorn an, aus dem die Kernidee sprießt. Während sie weiterwächst, bewegen wir uns mit jeder neu getroffenen Entscheidung weiter nach außen, und die Verzweigungen werden immer feiner und detaillierter.

Bei jeder Abzweigung können wir eine beliebige Menge von Richtungen einschlagen, und unsere jeweilige Entscheidung wird das Endergebnis – oftmals radikal – verändern.

Wie entscheiden wir uns für welche Richtung? Wie wissen wir, welche Wahl uns zur bestmöglichen Version unserer Arbeit führt?

Die Antwort findet sich in einem universellen Bezugsprinzip. Wo sich etwas befindet, können wir nur in Bezug auf etwas anderes bestimmen. Und wir können ein Ding oder ein Prinzip nur beurteilen, wenn wir es mit etwas anderem vergleichen oder es etwas anderem gegenüberstellen können. Als absolute Einheit lässt es sich nicht einordnen.

Wir nutzen dieses Prinzip, um unsere Kreationen mittels des A/B-Tests zu verbessern. Ein Werk oder eine Entscheidung ohne Bezugspunkt zu beurteilen ist schwierig. Erst wenn wir zwei Optionen nebeneinanderstellen und sie direkt miteinander vergleichen, werden unsere Vorlieben klar.

Bei jedem Test begrenzen wir uns, wenn möglich, auf zwei Optionen. Alles darüber hinaus macht die Sache unübersichtlich. Wenn wir ein Gericht zubereiten, probieren wir vielleicht zwei verschiedene Sorten einer Zutat, bevor wir uns für eine entscheiden. Ebenso können wir zwei Schauspieler ein und denselben Monolog lesen lassen, zwei Farbschattierungen ausprobieren oder zwei verschiedene Grundrisse für eine Wohnung erwägen.

Wir treten einen Schritt zurück und stellen den direkten Vergleich an. Meist fällt die Entscheidung leicht.

Und wenn nicht, lassen wir uns zur Ruhe kommen, um zu erkennen, ob wir nicht doch eine leise Präferenz haben. Wir folgen unserem natürlichen Körperfeedback und wählen die Option, die auf Ekstatisches hindeutet.

A/B-Tests macht man am besten als Blindversuch. Verberge bei jeder Option so viele Details wie möglich, damit du vorurteilsfrei und fair vergleichen kannst. Manche Musiker haben zum Beispiel eine Vorliebe entweder für analoge oder für digitale Aufnahmen. Es lohnt sich, Aufnahmen mit beiden Methoden zu machen und einen Weg zu finden, sie ohne diesbezüglichen Hinweis anzuhören. Manchmal sind die Leute überrascht, was ihnen besser gefällt.

Kommst du mit einem A/B-Test nicht weiter, dann wirf eine Münze, nachdem du entschieden hast, welche Option Kopf und welche Zahl sein soll. Noch während sich die Münze in der Luft dreht, merkst du vermutlich, dass du schon eine leise Vorliebe hast. Welche Variante wünschst du dir? Das ist die Option, die das Herz begehrt. Die Entscheidung ist gefallen, bevor die Münze überhaupt gelandet ist.

Überintellektualisiere die Wahl deiner Kriterien nicht zu sehr beim Testen. Du suchst nach dem ersten Impuls, der reflexartigen Reaktion, bevor der erste Gedanke auftaucht. Der instinktive Impuls ist gewöhnlich der reinste, während der zweite, überlegtere Gedanke meist schon analytisch verarbeitet und verzerrt ist.

Es geht darum, den bewussten Verstand auszuschalten und unseren Impulsen zu folgen. Kinder sind besonders gut darin. Sie durchlaufen in einer einzigen Minute mehrere unterschiedliche spontane Gefühle, ohne sie zu beurteilen oder daran festzuhalten. Mit dem Älterwerden wird uns beigebracht, diese Reaktionen zu verbergen. Unser Feingefühl schaltet sich aus.

Es wäre nicht schlecht, wenn wir lernen würden, uns frei zu machen von allen Glaubensvorstellungen, Dogmen oder sonstigem Ballast, die uns daran hindern, entsprechend unserer wahren Natur zu handeln. Je näher wir dem kindlichen Zustand des freien Selbstausdrucks kommen, desto unverfälschter werden unsere Testergebnisse und desto besser unsere Kunst.

Ist ein Werk vollendet, kann uns kein Test garantieren, dass es unsere bestmögliche Version geworden ist. So etwas ist nicht messbar. Wir testen, um aus den vorhandenen Optionen die beste Version zu wählen.

Welchen Weg du auch einschlägst, du wirst am Ende der Reise ein und dasselbe Ziel erreichen: ein Werk, das du gern teilen willst. Bei dem du dich im Rückblick staunend fragst, wie du das geschafft hast.

Schattierungen und Abstufungen

Die Verhältnisse können täuschen, wenn es um die Herstellung von Kunst geht.

Vielleicht sind zwei Inspirationssamen kaum zu unterscheiden, doch der eine ergibt einen reichen Ertrag, während der andere zu kaum etwas führt. Was wie ein Blitzeinschlag beginnt, bringt womöglich kein Werk hervor, das diesen großartigen Anfang widerspiegelt, während ein bescheidener Funke sich zu einem epischen Meisterwerk auswachsen kann.

Während der Aufbauarbeit sind der zeitliche Aufwand und die erreichten Ergebnisse nur selten ausgewogen. Vielleicht materialisiert sich ein langer Satz eines Musikstücks in einem Schwung, während ein winziges Detail Tage in Anspruch nimmt. Und niemand weiß vorherzusagen, welche Rolle beides für das Endergebnis spielen wird.

Eine weitere überraschende Facette des Schaffensprozesses ist die Tatsache, dass womöglich das winzigste Detail bestimmend sein wird. Es kann darüber entscheiden, ob das Werk anregend oder matt, fertig oder unfertig ist. Fügen wir nur einen Farbtupfer, eine kleine Farbkorrektur mit dem Pinsel ein, ist das Werk plötzlich nicht mehr halb, sondern ganz fertig. Es ist wie ein Wunder, wenn das passiert.

Letztendlich ist es die Gesamtsumme aus winzigen Details, die ein Werk großartig macht. Von Anfang bis Ende hat alles seine Schattierungen und Abstufungen, es gibt keinen festen Maßstab. Den kann es auch nicht geben, denn manchmal wiegen gerade die kleinsten Elemente am allerschwersten.

Ein Werk, das fünf Mängel hat,
ist noch nicht vollendet.
Mit acht Mängeln dagegen
ist es das vielleicht.

Schlussfolgerungen
(Zweck)

Vielleicht fragst du dich mitunter: Warum tue ich das eigentlich? Wozu das Ganze?

Fragen wie diese tauchen bei manchen Menschen schon früh und häufig auf. Andere scheinen sich ihr Leben lang nicht mit solchen Gedanken zu befassen. Vielleicht wissen sie, dass der schöpferisch Tätige und der Erläuternde stets zwei verschiedene Personen sind, selbst wenn es sich um ein und denselben Menschen handelt.

Am Ende spielen diese Fragen kaum eine Rolle. Was wir machen, braucht keinem bestimmten Zweck zu dienen. Bei näherer Betrachtung finden wir eine großartige Idee vielleicht sogar sinnlos. Wir unterstellen damit, mehr zu wissen, als wir wissen können.

Wenn uns gefällt, was wir erschaffen, brauchen wir das Warum nicht zu kennen. Nicht immer liegen die Gründe dafür auf der Hand. Außerdem können sie sich mit der

Zeit ändern. Unser Werk könnte aus 1000 verschiedenen Gründen gut sein. Wenn wir etwas schaffen, was wir lieben, ist unsere Mission erfüllt. Es gibt nichts zu verstehen.

Denk dir einfach:
Ich bin nur hier, um etwas zu erschaffen.

Freiheit

Trägt die Künstlerin eine gesellschaftliche Verantwortung?

Manch einer wird dies bejahen und sie ermutigen wollen, entsprechend tätig zu sein.

Wer diese Ansicht vertritt, hat möglicherweise kein klares Verständnis von der Funktion der Kunst in der Gesellschaft und von ihrer wesentlichen gesellschaftlichen Bedeutung.

Ein Kunstwerk erfüllt seinen Zweck, ganz unabhängig von dem sozialen Verantwortungsgefühl seines Schöpfers. Die Absicht, Menschen zu einem Thema zu beeinflussen oder eine gesellschaftliche Wirkung zu erzeugen, kann die Qualität und Reinheit eines Werks beeinträchtigen.

Das heißt nicht, dass unser Werk diese Qualitäten nicht besitzen könnte. Doch in der Regel gelangen wir nicht vorsätzlich dorthin. Ein Ziel zu erreichen, auf das man es abgesehen hat, ist im kreativen Schaffen oft schwierig.

Wenn wir vorab festlegen, was wir sagen wollen, können wir nicht mehr entstehen lassen, was auch immer das Beste wäre. Die Bedeutung ist in dem Moment da, in dem eine Inspiration umgesetzt wird.

Am besten warten wir, bis das Werk fertig ist, um seine Aussage zu entdecken. Ihm von vornherein eine Bedeutung zuzuschreiben macht es bloß zu deren Geisel.

Ein Werk, das eine Botschaft unverhohlen predigt, kommt nicht unbedingt so an, wie wir es uns erhoffen, während eines, das gar nicht auf einen sozialen Missstand abzielte, zu einem Symbol für eine revolutionäre Sache werden kann.

Kunst ist viel machtvoller als die Pläne, die wir für sie haben.

⊙

Kunst kann nicht verantwortungslos sein. Sie spricht alle Aspekte der menschlichen Erfahrung an.

Manche Seiten von uns sind in der feinen Gesellschaft nicht willkommen, Gedanken und Gefühle könnten zu dunkel sein, um offenbart zu werden. Wenn wir sie in einem Kunstwerk wiederfinden, fühlen wir uns weniger allein.

Realer, menschlicher.

Das Schaffen und das Betrachten von Kunst haben diese therapeutische Kraft.

Kunst steht über und jenseits aller Wertung. Entweder sie spricht dich an oder auch nicht.

Die Künstlerin hat sich nur gegenüber dem Werk zu verantworten. Andere Anforderungen gibt es nicht. Du kannst erschaffen, was du willst.

Weder musst du für dein Werk einstehen, noch muss dein Werk für irgendetwas anderes als sich selbst einstehen. Weder stehst du als Symbol dafür, noch muss es unbedingt dich symbolisch darstellen. Es wird in den Augen und Ohren derer gedeutet und umgedeutet werden, die so gut wie nichts über dich wissen.

Nur eine Verantwortung hast du: diese kreative Autonomie zu verteidigen. Nicht nur vor außenstehenden Zensoren, sondern auch vor den Stimmen in deinem Kopf, die verinnerlicht haben, was als akzeptabel gilt. Die Welt ist nur so frei, wie sie ihren Künstlern zu sein erlaubt.

Egal, was wir sagen,
was wir singen,
was wir malen –
wir haben die Wahl.

Einzig für die Kunst tragen wir
Verantwortung, für nichts sonst.
Die Kunst ist das letzte Wort.

Die Besessenen

In Filmen und Büchern werden Künstler häufig als gequälte Genies dargestellt: hungernd, selbstzerstörerisch, am Rande des Wahnsinns.

So hat sich die Auffassung durchgesetzt, man müsse gebrochen sein, um Kunst zu schaffen. Oder die Kraft der Kunst sei so machtvoll, dass sie ihren Schöpfer zerbrechen würde.

Beide Verallgemeinerungen stimmen nicht. Auf angehende Künstler wirken sich diese Missverständnisse entmutigend aus. Manche schöpferisch Tätige leben vielleicht mit einer tiefen inneren Dunkelheit, andere wiederum gehen leichtfüßig und freudestrahlend durchs Leben. Dazwischen befindet sich eine große Bandbreite künstlerischer Veranlagungen.

Für diejenigen, die zum Kunstschaffen berufen sind und mit übermächtiger Sensibilität zu kämpfen haben, kann der kreative Prozess therapeutisch sehr wirksam sein. Er bietet ein Gefühl tiefer Verbundenheit. Einen sicheren Ort, um dem Unaussprechlichen eine Stimme zu geben und die Seele zu offenbaren. In solchen Fällen zerreißt die Kunst ihren Schöpfer nicht, sie macht ihn vielmehr ganz.

Obgleich die Gestalt der gequälten Künstlerin eigentlich nur als Mythos existiert, heißt das nicht, dass das Kunstschaffen leicht wäre. Es benötigt den unbedingten Wunsch, etwas Großes zu schaffen. Dieses Streben muss nicht qualvoll sein. Es kann auch beleben. Aber das hängt einzig von dir ab.

Ob du eine starke Leidenschaft oder einen qualvollen Drang empfindest, macht die Kunst weder besser noch schlechter. Falls du zwischen beiden Wegen wählen kannst, entscheide dich am besten für den nachhaltigeren. Ein Künstler verdient sich diesen Titel einfach durch den Selbstausdruck, denn er arbeitet auf seine eigene Art und in seinem eigenen Rhythmus.

Was für dich funktioniert (Überzeugungen)

Ich kenne eine Songwriterin, die ihre gesamte Musik in einem chaotischen Raum eines alten Bürogebäudes geschrieben hat. Er ist in 30 Jahren nicht ein Mal aufgeräumt worden, und sie weigert sich, ihn reinigen zu lassen. Sie sagt, das Geheimnis liege in diesem Raum.

Sie ist davon überzeugt, und für sie funktioniert es.

Charles Dickens trug einen Kompass bei sich, um sicherzustellen, dass er immer in Richtung Norden schlief. Er glaubte, seine Ausrichtung auf die Erdströme fördere seine Kreativität. Dr. Seuss hatte ein Bücherregal mit einer Scheintür, hinter der sich Hunderte von ungewöhnlichen Hüten verbargen. Er und sein Lektor setzten sich jeweils einen davon auf und starrten sich so lange an, bis eine Eingebung kam.

Es ist egal, ob diese Geschichten wirklich stimmen. Wenn ein Ritual oder ein Aberglaube eine positive Wirkung auf die künstlerische Arbeit hat, lohnt es sich, ihm nachzugehen.

Künstler und Künstlerinnen haben ihre Werke auf alle nur erdenklichen Weisen erschaffen – in den Extremen von Chaos oder Ordnung und mit den verschiedensten Methoden zugleich. Es gibt weder einen richtigen Zeitpunkt noch eine richtige Strategie oder Ausstattung.

Manchmal ist auch ein Rat von erfahreneren Kollegen hilfreich – allerdings nur zur Information, niemals als feste Vorgabe. Er könnte uns eine neue Sichtweise eröffnen und unsere Vorstellung von dem erweitern, was möglich ist.

Etablierte Künstlerinnen schöpfen gewöhnlich aus ihrer persönlichen Erfahrung und empfehlen die Lösungen weiter, die für sie funktionierten und auf ihrer persönlichen Reise passend waren. Wir sollten nicht vergessen, dass ihr Weg nicht unbedingt *der* Weg ist.

Jeder Weg ist einzigartig, nur wir selbst können ihn gehen. Es gibt nicht den einen Weg zu großer Kunst.

Das heißt aber nicht, dass du die Weisheit anderer missachten solltest. Geh geschickt damit um, indem du integrierst, was dir nützlich ist, und den Rest loslässt. Teste und höre auf dich selbst, um herauszufinden, was für dich funktioniert – ganz gleich, wie glaubwürdig die Quelle war.

Letztlich zählt nur deine eigene Praxis, nicht die irgendeiner anderen Person. Finde deine produktivste Methode, wende sie an und lasse sie wieder los, wenn du sie nicht mehr benötigst. In der Kunst gibt es keine falschen Wege.

Integration

Beim Üben passiert etwas Merkwürdiges.

Wenn wir zum Beispiel ein Musikstück üben, spielen wir es immer und immer wieder. Es wird ein bisschen leichter, dann wieder schwieriger, dann wieder leichter. Wenn wir uns ein oder zwei Tage später erneut dransetzen, fließt es plötzlich viel natürlicher. Unsere Finger scheinen beweglicher geworden zu sein. Ein dicker Knoten hat sich gelöst.

Dieses Phänomen unterscheidet sich von den meisten Arten des Lernens. Es geht nicht darum, Informationen aufzunehmen und zu behalten, sondern um etwas Geheimnisvolleres. Du wachst eines Morgens in dieser neuen Wirklichkeit auf, in der du plötzlich mehr kannst als vor dem Einschlafen. Der Körper hat sich verändert, er hat sich der Aufgabe angepasst und kann sie nun erfüllen.

Einerseits führt uns die Übung dorthin. Doch auch die Zeit, die der Körper zum Integrieren benötigt, hat ihren Anteil. Wir könnten sie Erholungsphase nennen. Beim

Gewichtheben werden die Muskeln zunächst überfordert. Nachdem sie sich erholt haben, sind sie stärker als zuvor. Der passive Teil der Übung ist ebenso wichtig wie der aktive.

Gemeinhin heißt es, man müsse unermüdlich arbeiten, um künstlerische Meisterschaft zu erreichen. Das stimmt, ist aber nur die halbe Wahrheit. Es kann auch sinnvoll sein, Pausen einzulegen, Abstand zu gewinnen und zu einem späteren Zeitpunkt weiterzumachen. Ob beim Üben eines Instruments oder im Lauf des Lebenswerks, Erholung zur rechten Zeit fördert oft größere Entwicklungssprünge.

Dieser Kreislauf von Übung und Integration sorgt für ein vielseitiges Wachstum. Wir bauen Konzentration und Fokus auf und trainieren das Gehirn, um effektiver und leichter zu lernen.

Infolgedessen verbessern sich auch andere Fertigkeiten. Wenn du dir selbst das Klavierspiel beibringst, wird sich vermutlich auch dein Gehör verbessern. Und vielleicht wirst du sogar besser in Mathematik.

⊙

Dieser Integrationsvorgang geht jedoch weit über das Lernen hinaus. Es geht um einen Aspekt des Universums, der sich durch uns manifestiert. Einen Lebenswillen.

Eine Idee gewinnt an Kraft, sie lädt sich auf und sehnt sich danach, aufgegriffen zu werden. Wir können sie hören, sehen und uns vorstellen, aber vielleicht ist sie doch noch ein Stückchen zu weit weg, als dass wir momentan Zugriff auf sie hätten. Wenn wir uns intensiver mit ihr beschäftigen, rücken immer mehr Details in den Blick, und schließlich sind wir vollends begeistert.

Unsere Fähigkeit, die von der großen Quelle angebotene Idee zu berühren, wächst und dehnt sich aus. Wir übernehmen dankbar die Verantwortung, schätzen und schützen sie. Und erkennen demütig an, dass sie aus etwas kommt, das sich jenseits von uns befindet. Dass sie wichtiger ist als wir. Und nicht nur für uns da ist. Wir stehen in ihrem Dienst.

Deshalb sind wir hier. Dank dieses Impulses, durch den sich die Menschheit weiterentwickelt. Wir integrieren, was kommt, und wachsen, um zu empfangen. Diese angeborenen Fähigkeiten haben es den Menschen über Äonen hinweg ermöglicht, zu überleben und in einer sich ständig verändernden Welt zu gedeihen. Und den Schöpfungskreislauf fortzusetzen, wie es unserer vorbestimmten Rolle entspricht. Indem wir die Geburt anderer neuer und komplexerer Formen unterstützen. Wenn wir uns entscheiden, daran teilzuhaben.

Übertragung

Kunst ist ein Entschlüsselungsvorgang. Wir empfangen Intelligenz von der großen Quelle und interpretieren sie mittels der Sprache der von uns gewählten Kunstform.

Es gibt für alle Bereiche unterschiedliche Grade an Gewandtheit. Das Niveau unseres Könnens beeinflusst unsere Fähigkeit, die Übertragung bestmöglich zu artikulieren, genau wie sich das Sprachgut auf die Kommunikation auswirkt.

Es geht nicht um eine direkte Übereinstimmung, sondern um eine fließende Beziehung. Wenn wir eine neue Sprache lernen, können wir vielleicht eine Frage stellen, einen wunderbar auswendig gelernten Satz aufsagen oder ungewollt etwas Lustiges von uns geben. Zugleich fühlen wir uns aber nicht in der Lage, tiefere Gedanken oder Gefühle nuanciert zu äußern und uns selbst in vollem Maße zum Ausdruck zu bringen.

Je mehr wir unser Können entwickeln, erweitern und schärfen, desto gewandter werden wir. Wir erleben eine größere Freiheit und weniger Gleichförmigkeit im schöpferischen Tun. Und verbessern uns gewaltig darin, unsere Ideen auf die beste Art in der physischen Welt zu manifestieren.

Es dient unserer Kunst und unserer Freude daran enorm, wenn wir unser Können weiter verfeinern. Jede Künstlerin kann zu jedem Zeitpunkt des Prozesses durch Praxis, Studium und Forschung besser werden. Die künstlerischen Gaben sind nicht so sehr angeboren als vielmehr erlernt und weiterentwickelt. Wir können uns stets steigern.

Arn Anderson hat es einmal so ausgedrückt: »Ich bin Professor und Student zugleich, denn wenn man kein Student mehr ist, hat man auch nicht das Recht, sich Professor zu nennen.«

Wenn du das Gefühl hast, nur noch den falschen Ton zu treffen oder ein Bild nicht getreu wiedergeben zu können, dann liegt es nicht daran, dass du es nicht kannst, sondern dass du es *noch* nicht kannst. Halte nichts für unmöglich. Wenn du eine besondere Fertigkeit oder ein bestimmtes Wissen für ein Projekt brauchst, dann mach deine Hausaufgaben und arbeite daran. Du kannst alles lernen.

Dieser Rahmen wird deine Fertigkeiten zwar erweitern, garantiert dir aber nicht, dass du ein großer Künstler wirst. Es kann passieren, dass eine Gitarristin das komplexeste Solo hinlegt, aber trotz aller technischen Brillanz keine emotionale Tiefe vermittelt, während ein Freizeitmusiker dich mit einem simplen, auf drei Akkorden aufgebauten Song zu Tränen rührt.

Zugleich brauchst du keine Angst zu haben, du könntest zu viel Theorie lernen. Sie wird deinen reinen Ausdruck nicht beeinträchtigen – wenn du es nicht zulässt. Das Wissen selbst wird deiner Arbeit nicht schaden. Höchstens, wie du mit ihm *umgehst.* Du hast neues Werkzeug, brauchst es aber nicht einzusetzen.

Lernen verschafft uns mehr Möglichkeiten, die eigenen Ideen verlässlich zu vermitteln. Aus dem erweiterten Menü können wir uns immer noch die einfachste, eleganteste Option aussuchen. Maler wie Barnett Newman, Piet Mondrian und Josef Albers hatten eine klassische Ausbildung durchlaufen und entschieden sich in ihrer Laufbahn trotzdem für monochrome, geometrische Formen.

Betrachten wir unsere Kunst als eine in uns lebendige Energie. Sie ist ebenso Teil des Evolutionskreislaufs wie alle Lebewesen. Sie will wachsen und gedeihen.

Mit der Verfeinerung unserer Kunst ehren wir die Schöpfung, egal, ob wir die Besten auf unserem Gebiet werden. Indem wir uns üben und verbessern, erfüllen wir unsere eigentliche Lebensaufgabe auf diesem Planeten.

Alles zurück auf null

⊙

Wenn wir Tausende Stunden an einem Stück gearbeitet haben, können wir es kaum noch neutral beurteilen. Jemand, der das Werk zum ersten Mal erlebt, sieht womöglich innerhalb von zwei Minuten klarer als wir.

Mit der Zeit kommen fast alle Künstlerinnen ihren Arbeiten zu nahe. Wenn wir endlos an einem Werk gearbeitet haben, gerät uns der klare Blick abhanden. Wir entwickeln eine Art Blindheit. Zweifel und Verwirrung schleichen sich ein. Das Urteilsvermögen ist gestört.

Wir könnten uns darin üben, einen Schritt zurückzutun, uns wirklich zu lösen und komplett abzulenken, indem wir in etwas anderes eintauchen …

Wenn wir erst wieder zu unserem Werk zurückkehren, nachdem wir genügend Zeit haben verstreichen lassen, können wir es vielleicht so betrachten, als wäre es das erste Mal.

Die Übung lautet: Alles zurück auf null. Die Fähigkeit entwickeln, als Künstler schöpferisch tätig zu sein und das Werk neu zu erleben, indem wir allen alten Ballast, also all das abwerfen, was unser Werk sein sollte. Es geht darum, es im gegenwärtigen Augenblick zu erleben.

Hier ein konkretes Beispiel dafür, wie man alles auf null stellt. Im Tonstudio ist das Endstadium des Aufnahmeprozesses der Mix, bei dem die Tontechnikerin die Lautstärke der einzelnen Instrumente aufeinander abstimmt, um das Material optimal zu präsentieren.

Wenn ich mir eine Mischung anhöre, die in Arbeit ist, mache ich mir eine Liste mit Notizen. Vielleicht ist die Gesangsstimme in der Bridge nicht laut genug. Das Trommel-Fill im Übergang zum letzten Refrain sollte mehr hervorstechen. Oder wir müssen ein bestimmtes Instrument aus dem Intro nehmen, um Platz für etwas anderes zu schaffen.

Derlei Änderungen sind gängige Praxis, wir erledigen jeden Punkt auf der Liste und spielen den Song mit der Liste im Kopf ab. *Also, sind die Vocals in der Bridge so laut wie gewünscht? Abgehakt. Klingt das Trommel-Fill im Übergang wichtiger? Abgehakt.*

Wir nehmen jeden Teil vorweg und achten selektiv darauf, ob unsere Änderungen vorgenommen wurden, statt den Song als Ganzes zu hören und wahrzunehmen, ob er jetzt wirklich besser ist als vorher.

Das Ego mischt sich ein und sagt: *Ja, genau das wollte ich. Ich hab's gekriegt, also ist das Problem gelöst.*

Aber ist das wirklich der Fall? Die Änderungen wurden zwar vorgenommen, aber haben sie das Werk verbessert? Oder eher einen Dominoeffekt ausgelöst und zu neuen Problemen geführt?

In diesem Stadium des Prozesses hängen alle Elemente der Arbeit voneinander ab. Selbst die kleinste Änderung kann unerwartete Auswirkungen haben. Wenn wir die Mischung der Liste entsprechend aktualisiert haben, könnten wir dies fälschlicherweise für einen Fortschritt halten.

Die Lösung besteht darin, dass wir die Notizen möglichst jemand anderem zur Umsetzung übergeben, die Liste dann fortwerfen und nie wieder darauf zurückgreifen. Wenn die überarbeitete Mischung abgespielt wird, hören wir sie an, als wäre es das erste Mal, und erstellen eine ganz neue Liste. Das hilft in der Regel, die Dinge so zu hören, wie sie wirklich sind, und den Fortschritt zu steuern, bis die beste Version erreicht ist.

Eine andere Möglichkeit, alles auf null zu stellen, besteht darin, das Werk nicht zu häufig anzusehen. Leg das Projekt eine Zeit lang weg, wenn du einen Abschnitt abgeschlossen hast oder an einem entscheidenden Punkt hängen geblieben bist. Lass es ruhig eine Woche oder noch länger ruhen und beschäftige dich mit etwas anderem.

Meditation ist ein wertvolles Mittel, um den Reset-Button zu drücken. Oder du machst Sport, einen Ausflug in eine schöne Gegend oder versenkst dich in ein anderes kreatives Projekt.

Wendest du dich danach wieder deinem Werk zu, wirst du vermutlich einen klareren Blick haben und besser erkennen können, was es will und braucht.

Es ist der Zeitfaktor, der dies ermöglicht. Der uns ermöglicht zu lernen. Und zu verlernen.

Kontext

Stell dir eine Blume auf einer Wiese vor.

Und jetzt nimm dieselbe Blume und stecke sie in den Lauf eines Gewehrs. Oder lege sie auf einen Grabstein. Beachte jeweils, wie du dich fühlst. Die Bedeutung ändert sich. Je nach Umfeld kann ein und derselbe Gegenstand ganz unterschiedliche Konnotationen haben.

Der Kontext verändert den Inhalt.

Bedenke bei deiner Arbeit die Auswirkungen dieses Prinzips. Wenn du ein Porträt malst, gehört der Hintergrund zum Kontext. Ein anderer Hintergrund wirft ein neues Licht auf den Vordergrund. Ein dunkles Setting vermittelt eine andere Botschaft als ein helles. Eine dichte Umgebung fühlt sich anders an als eine spärliche. Der Rahmen, der Raum, in dem das Bild aufgehängt wird, das Kunstwerk neben ihm – all das beeinflusst die Wahrnehmung des Bildes.

Manche Künstler kontrollieren diese Faktoren sorgfältig. Andere überlassen sie dem Zufall. Und manche schaffen Kunst, die in jeder Hinsicht kontextabhängig ist. So zum Beispiel Andy Warhols »Brillo-Boxen«. In Supermärkten stehen sie als Verpackung für nützliche Küchengeräte zur Verfügung. In einem Museum stellen sie ungewöhnliche Objekte dar, die faszinieren und neugierig machen.

Wenn Musikerinnen ein Album zusammenstellen und einen stillen Song neben einen lauten setzen, beeinflusst dies die Art und Weise, wie beide gehört werden. Nach einem stillen Song wirkt der laute bombastischer.

Von einem Musiker habe ich gehört, dass er sein neuestes Stück an eine Playlist mit den größten Songs aller Zeiten anhängt, um zu sehen, ob seine Arbeit mithalten kann. Wenn nicht, legt er es beiseite und setzt sein Streben nach Großem mit etwas anderem fort.

Die sozialen Normen unterschiedlicher Zeiten und Orte sind ein weiterer kontextueller Rahmen, innerhalb dessen die Kunst lebt. Dieselbe Beziehungsgeschichte zwischen zwei Menschen könnte sich in Detroit oder auf Bali, im alten Rom oder in einer anderen Dimension abspielen. Je nach Umstand ergibt die Geschichte dann einen neuen Sinn.

Oder er ändert sich, weil wir das Werk in einem bestimmten Jahr veröffentlichen und nicht in einem anderen. Aktuelle Ereignisse, kulturelle Trends oder andere, zeitgleich veröffentlichte Werke beeinflussen die Rezeption eines Projekts. Auch Zeit ist eine Art Kontext.

Versuche den Kontext zu ändern, wenn ein Stück nicht deinen Erwartungen entspricht. Untersuche die Variablen, die es umgeben, statt dich auf das Hauptelement zu fokussieren. Spiele mit unterschiedlichen Kombinationen. Stelle dein Werk neben anderen auf. Überrasche dich selbst.

Ein paar gängige Optionen wären:

leise – laut
schnell – langsam
hoch – tief
nah – fern
hell – dunkel
groß – klein
gebogen – gerade
rau – glatt
vorher – nachher
innen – außen
gleich – anders

Ein neuer Kontext kann zu etwas führen, das mehr Kraft hat, als du vorhergesehen hattest. Zu einem Werk, das du dir nie hättest vorstellen können, bevor du dieses eine, scheinbar unbedeutende Element verändert hast.

Die Energie
(In der Arbeit)

Was motiviert uns zu unserem Arbeitseifer? Was treibt uns, bestimmte Stücke fertigzustellen und andere nicht?

Wir glauben gern, es sei unsere Begeisterung. Ein Gefühl, das aufsteigt, wenn uns das Bedürfnis nach Selbstausdruck in Besitz genommen hat.

Nicht wir erzeugen diese Energie. Wir werden von ihr erfasst. Wir haben sie aus unserem *Werk* gewonnen, denn *es* ist mit ihr aufgeladen. Mit einer ansteckenden Lebenskraft, die uns vorantreibt.

Werke, die auf Großes verweisen, enthalten eine für uns spürbare Energie, vergleichbar der statisch aufgeladenen Luft vor einem Gewitter. Sie verzehren ihre Schöpferin, besetzen ihre wachen Gedanken und ihre Träume. Manchmal werden sie zum Lebenszweck der Künstlerin.

Diese Energie fühlt sich ähnlich an wie eine weitere Schöpfungskraft auf der Welt:

die Liebe.

Eine kinetische, rational nicht erklärbare Anziehungskraft.

Zu Beginn eines Projekts ist Begeisterung der entscheidende Spannungsmesser, der dir bei der Auswahl eines Samenkorns behilflich ist. Wenn du einen Samen zur Hand nimmst, zeigt dir ein plötzlicher Sprung des Zeigers, dass die Arbeit deine Aufmerksamkeit und Hingabe wert ist. Sie wird dich nachhaltig interessieren können, die Mühe wird sich lohnen.

Während der Experimentier- und Aufbauphase löst du durch weitere Entscheidungen auch neuerliche Energieschübe aus. Du ertappst dich dabei, wie du die Zeit vergisst, nicht mehr isst, dich von der Außenwelt zurückziehst.

Manchmal dagegen ist der Prozess die reinste Mühsal. Die Minuten wollen nicht vergehen, und du zählst die Tage, bis das Werk endlich fertig ist. Wie ein Gefangener, der für jeden Tag einen Strich in die Zellenwand ritzt.

Vergiss nicht, dass du bei der Arbeit nicht immer Zugang zur Energie hast. Zum Beispiel dann, wenn du die falsche Richtung einschlägst. Oder dich so in den Details verlierst, dass du das große Ganze nicht mehr siehst. Selbst beim größten Werk ist es ganz natürlich, dass die Begeisterung kommt und geht.

Wenn dich die Arbeit an einem Tag mitgerissen hat und dies danach lange nicht mehr tut, hast du vielleicht ein falsches Signal aufgenommen. Wenn du dich nur noch vage an freudige Momente erinnern kannst und sich die Arbeit wie eine Verpflichtung an eine alte Idee anfühlt, könnte das heißen, dass du zu weit gegangen bist oder dass diese Saat noch nicht bereit war aufzugehen.

Hat sich die Energie erschöpft, musst du entweder ein paar Schritte zurückgehen, um sie wieder zu wecken, oder eine neue Saat suchen, die deine Begeisterung auslöst. Eine der Fähigkeiten, die eine Künstlerin entwickelt, besteht darin zu erkennen, ob sie und die Arbeit einander überhaupt noch etwas zu geben haben.

Alle Lebewesen sind miteinander verbunden und brauchen einander zum Überleben. Ein Kunstwerk ist da nicht anders. Es weckt deine Begeisterung. Es fordert deine Aufmerksamkeit. Und diese braucht es zum Wachsen. Es ist eine harmonische, sich gegenseitig bedingende Beziehung. Der Schöpfer und das Werk sind für ihr beiderseitiges Gedeihen aufeinander angewiesen.

Die Künstlerin ist dazu berufen, der Begeisterung nachzugehen. Begeisterung bedeutet Energie. Und Energie bedeutet Licht.

Am besten wird die Arbeit,
die dich begeistert.

Etwas abschließen, um etwas Neues zu beginnen (Erneuerung)

⊙

C. G. Jung war besessen davon, sich einen runden Turm zu bauen, um darin zu leben, zu denken und kreativ tätig zu sein. Die runde Form war ihm wichtig, denn in ihr sah er das Leben als ständiges Entstehen und Vergehen.

Wir sind Teil eines ständigen Kreislaufs aus Geburt, Tod und Erneuerung. Unser Körper zerfällt in der Erde, um neues Leben hervorzubringen, unser Geist wird energetisch dem Universum zurückgegeben, um neu genutzt zu werden.

Kunst existiert in demselben Kreislauf von Tod und Neugeburt. Wir beteiligen uns daran, indem wir ein Projekt beenden, um etwas Neues beginnen zu können. Wie im Leben lädt jedes Ende zu einem Neuanfang ein. Sind wir so von der Arbeit an einem einzelnen Werk eingenommen, dass wir es für unsere Lebensaufgabe halten, dann bleibt kein Platz für die Entwicklung eines nächsten.

Das Ziel des Künstlers ist zwar Größe, zugleich aber auch die Vorwärtsbewegung. Wir beenden unser aktuelles Projekt im Dienst des darauffolgenden. Und wir tun dem aktuellen einen Dienst, wenn wir es beenden, weil es dann hinaus in die Welt kann.

Der Preis für das Schaffen von Kunst ist es, sie mit anderen zu teilen. Und dich verletzbar zu machen.

Aus dieser Erfahrung erneuerst du dich, findest eine neue Frische für dein nächstes Projekt. Und für alle, die noch kommen mögen.

Jede Künstlerin erschafft eine dynamische Geschichte. Ein lebendes Museum abgeschlossener Projekte. Ein Werk nach dem anderen. Angefangen, abgeschlossen, freigegeben. Angefangen, abgeschlossen, freigegeben. Wieder und wieder. Jedes einzelne ein Zeitdokument, das einen Übergangsmoment zelebriert. Einen Augenblick voller Energie, für immer verkörpert in einem Kunstwerk.

Ein Kunstwerk ist kein Endpunkt.
Es ist eine Station auf der Reise.
Ein Kapitel in unserem Leben.
Wir erkennen die Übergänge an,
indem wir sie im Einzelnen dokumentieren.

Spiel

⊙

Kunst zu erschaffen ist eine ernste Sache.
Wir nutzen die schöpferische Energie der großen Quelle.
Setzen Ideen physisch um.
Sind Teil des kosmischen Kreislaufs der Schöpfung.
Und auch das Gegenteil ist wahr. Kunst zu erschaffen ist reines Spiel.

⊙

In jeder Künstlerin steckt das Kind, das eine Schachtel Buntstifte auf dem Boden ausleert und nach genau der richtigen Farbe sucht, um den Himmel zu malen, ganz egal, ob er violett, olivgrün oder orange glühend werden soll.

Als Künstler streben wir in unseren Projekten danach, dieses Spielerische durchweg beizubehalten. Wir nehmen sowohl unsere Verpflichtung mit aller Ernsthaftigkeit an wie auch die komplette Freiheit in der Umsetzung mit all ihrer Verspieltheit.

> Nimm die Kunst ernst, aber bewahre dir eine Leichtigkeit dabei.

Zu viel Ernst bürdet dem Werk eine Last auf. Sie lässt keinen Raum für die spielerische Seite des Menschseins. Für die chaotische Ausgelassenheit unseres Daseins. Für die Leichtigkeit der reinen Freude um der Freude willen.

Im Spiel gibt es keine Bedingungen. Keine Grenzen. Kein Richtig oder Falsch. Keine Produktivitätsziele. Es ist ein unbefangener Zustand, in dem unser Geist frei ist.

In dieser entspannten Verfassung entstehen die besten Ideen.

Messen wir der Arbeit zu früh Bedeutung bei, werden wir instinktiv zu vorsichtig. Dabei wollen wir uns doch von den Fesseln der Wirklichkeit befreien und kreative Einschränkungen in jeder Form vermeiden.

Fühle dich frei zu experimentieren. Bring ruhig alles durcheinander. Lass Zufälliges, Beliebiges zu. Wenn es Zeit ist, mit dem Spielen aufzuhören, kann sich der erwachsene Anteil einschalten und analysieren: *Was haben die Kids heute gemacht? Ob es wohl etwas taugt? Und was könnte es bedeuten?*

Es geht darum, tagtäglich da zu sein, etwas zu konstruieren und wieder einzureißen, zu experimentieren und uns selbst zu überraschen. Verliert eine Vierjährige das

Interesse an einer Tätigkeit, versucht sie nicht, sie zu Ende zu bringen oder sich zu zwingen, Freude daran zu haben. Sie fängt einfach mit etwas Neuem an. Mit einem anderen Spiel.

Manche Aspekte der Arbeit können zäh werden. Kannst du dich in so einem Moment wieder auf deine frühe Haltung im Prozess besinnen?

Einmal habe ich mit jemandem im Studio an einem Up-tempo-Stück gearbeitet. Wir beschlossen, es akustisch zu versuchen. Das brachte uns dazu, ein interessantes Overdub hinzuzufügen. Als wir alles außer dem Overdub stumm schalteten und es uns anhörten, führte uns dies in eine völlig neue Richtung. Jeder veränderte Durchlauf führte uns zu einer neuen Version, keine davon war geplant oder mit einer vorgefassten Idee verbunden.

Am Ende kam eine wunderbare Aufnahme dabei heraus, die nichts mit der ursprünglichen Vision von dem Song zu tun hatte und nur möglich war, weil wir der Gegenwart erlaubt hatten, etwas Neues anzubieten. Statt einem Plan zu folgen, hatten wir uns sozusagen blind leiten lassen.

Das kann jeden Tag passieren. Finde einen Anhaltspunkt, folge einer Spur, hänge dich nicht an das, was vorher da war. Und vermeide es, dich selbst durch eine Entscheidung zu blockieren, die du vor fünf Minuten getroffen hast.

Denke an die Zeit, als du ein hoffnungsvoller Anfänger warst, als das von dir verwendete Werkzeug für deine Kunst noch exotisch und neu war. Erinnere dich an die

Faszination des Lernens, an die Freuden deiner ersten Schritte.

So bewahrst du dir die Energie, die die Arbeit antreibt, vielleicht am besten und verliebst dich immer wieder neu in deine Tätigkeit.

Die Qualität des fertigen Stücks ist
unbeeinflusst davon,
ob das Werk in leichtfüßigem Spiel entstanden ist
oder in mühevoller Kleinarbeit.

Gewohnheiten, die der Kunst dienen (Sangha)

Dass die Arbeit dich unterstützen soll, ist womöglich zu viel verlangt. Wir sind *im Dienst* der Kunst tätig, nicht, um etwas von ihr zu bekommen.

Vielleicht sehnst du dich nach Erfolg, damit du einen Job verlassen kannst, der dich nicht erfüllt, und damit du dich von dem, was du mit Leidenschaft betreibst, ernähren kannst. Das ist ein verständliches Ziel. Doch wenn du die Wahl zu treffen hast zwischen dem Schaffen großer Kunst und deinem Lebensunterhalt, dann steht die Kunst an erster Stelle. Such dir lieber ein anderes Auskommen. Erfolg stellt sich leichter ein, wenn dein Leben nicht davon abhängt.

Die Kunst ist für die meisten ein unsicherer Karriereweg. Eine finanzielle Belohnung kommt, wenn überhaupt, meist in Wellen. Manche Künstler haben eine Vision dessen, was sie erschaffen wollen, trauen sich aber nicht, sie zu verwirklichen, weil sich davon womöglich die

Rechnungen nicht bezahlen lassen. Es ist in Ordnung, einen Job zu haben, mit dem du deine Kunst finanzierst. Du kannst dir in deinem Werk leichter treu bleiben, wenn du beides verfolgst.

Es gibt Jobs, die außer Zeit nicht viel von dir verlangen. Du schützt deine Kunst, indem du dir eine Beschäftigung suchst, die dir genug mentalen Raum lässt, um deine kreative Vision von der Welt zu formulieren und zu entwickeln.

Inhalt kann sich durch Jobs ergeben, die nichts mit deiner Leidenschaft zu tun haben. Große Ideen entstehen häufig an unerwarteten Orten. Viele unvergessliche Songs sind von Menschen geschrieben worden, die einer ungeliebten Arbeit nachgingen.

Oder du suchst dir eine Arbeit in dem Bereich, für den du brennst. Vielleicht in einer Galerie, einer Buchhandlung, einem Tonstudio oder auf einem Filmset. Gibt es keine Jobs in deinem Bereich, dann frag, ob du als Praktikant mitarbeiten darfst.

Wenn du dich bewusst in die Nähe dessen begibst, was du liebst, kannst du einen Blick hinter die Kulissen werfen. Du beobachtest den Alltag professioneller Kreativer und lernst die Branche und ihre Infrastruktur von innen kennen. Weißt du erst einmal, wie sie funktioniert, kannst du entscheiden, ob du wirklich diesen Weg gehen willst.

Selbst wenn du auf diese Weise anfangs weniger Geld bekommst, könnte eine solche Arbeit später unerwartete Möglichkeiten bereithalten.

Oder aber du schlägst eine völlig andere Laufbahn ein,

die dir Sicherheit bietet, und betreibst die Kunst als Hobby weiter. Als ein Hobby, das dir im Leben das Wichtigste überhaupt ist. Alle Wege sind gleich gut.

⊙

Mitstreiter zu haben ist hilfreich, ganz egal, wie du dich entscheidest. Sie müssen nicht *wie* du sein, sondern nur irgendwie geistesverwandt. Kreativität ist ansteckend. Verbringen wir Zeit mit anderen Kreativen, dann absorbieren wir eine Denkweise, wir tauschen uns aus, auch in der Art und Weise, wie wir die Welt sehen. Eine solche Gruppe können wir als Sangha bezeichnen. Jede und jeder in dieser Beziehung fängt an, die Welt mit einem anderen fantasievollen Blick zu betrachten.

Ganz gleich, ob sie in derselben Kunstform tätig sind wie du oder in einer anderen. Eine Gemeinschaft von Menschen, die sich für Kunst begeistern, mit denen man lange Gespräche führen kann und die dir ein Feedback zu deiner Arbeit geben können, ist sehr nährend.

Teil einer Künstlergemeinschaft zu sein kann eine der größten Freuden im Leben ausmachen.

Das Prisma des Selbst

Es ist nicht so leicht, das eigene wahre Selbst zu bestimmen. Oder gar unmöglich.

Wir bewohnen viele unterschiedliche Versionen eines sich ändernden Selbst. Der Rat »Sei einfach *du selbst*« ist wohl zu allgemein, als dass er nützlich sein könnte. Da gibt es uns als Künstler, als Familienmitglied, bei der Arbeit, im Umgang mit Freunden, in Krisenzeiten oder im Frieden und mit uns selbst, wenn wir allein sind.

Zu all diesen Variationen im Umfeld ändern wir uns zudem ständig innerlich. Die Stimmungen, der Energiepegel, die Dinge, die wir uns einreden, unsere bisherigen Erfahrungen, ob wir hungrig oder müde sind: Alle diese Varianten bilden in jedem Augenblick eine neue Art des Seins.

Je nachdem, mit wem wir zusammen sind, in welcher Stimmung und wo wir sind und wie sicher oder herausgefordert wir uns fühlen – wir ändern uns die ganze Zeit. Und bewegen uns zwischen unterschiedlichen Aspekten unseres Selbst hin und her.

Vielleicht haben wir eine Seite, die mutiger oder subversiver sein möchte und gegen unser umgängliches, eher konfliktvermeidendes Selbst ankämpft. Daneben gibt es noch einen Träumer in uns, der große, wundersame Welten bewohnen möchte und mit unserer pragmatischen Seite im Konflikt steht, die bezweifelt, dass wir diese Träume wahr werden lassen können.

Diese verschiedenen Seiten von uns verhandeln permanent miteinander. Und je nachdem, auf welche wir uns einlassen, treffen wir unterschiedliche Entscheidungen, die das Ergebnis unserer Arbeit verändern.

Fällt ein einzelner Lichtstrahl in ein Prisma, wird er in eine ganze Reihe von Farben gebrochen. Auch das Selbst ist so ein Prisma. Neutrale Ereignisse treten ein und werden in ein ganzes Spektrum von Gefühlen, Gedanken und Empfindungen verwandelt. Die unterschiedlichen Aspekte des Selbst verarbeiten alle diese Informationen unterschiedlich; jeder bricht das Licht des Lebens auf seine eigene Weise und strahlt eine andere künstlerische Tendenz aus.

Aus diesem Grund kann nicht jede unserer Arbeiten alle Facetten unseres Selbst widerspiegeln. Vielleicht ist das sogar nie möglich, sosehr wir uns auch bemühen. Doch wir können Ja sagen zu diesem Prisma des Selbst und der Wirklichkeit ermöglichen, sich wie Licht auf einzigartige Weise durch uns zu brechen.

Wie bei einem Kaleidoskop können wir die Blende unseres Blicks einstellen und das Ergebnis verändern. Vielleicht wollen wir aus einem bestimmten Aspekt unserer selbst heraus arbeiten, als würden wir in eine bestimmte Rolle schlüpfen, und so aus unserem dunkelsten Selbst oder auch unserem spirituellsten Selbst heraus etwas erschaffen. Beide Resultate würden sich unterscheiden, und doch kämen sie beide von uns und wären authentisch.

Je mehr wir unsere prismaartige Natur akzeptieren, desto freiherziger werden wir in unterschiedlichen Farbabstufungen kreativ tätig sein und den widersprüchlichen Impulsen trauen können, die uns beim Kunstschaffen überkommen.

Wir müssen nicht wissen, warum etwas gut ist, oder uns fragen, ob wir »richtig« entschieden haben oder ob etwas uns genau entspricht. Es kommt immer auf das Licht an, das unser Prisma zu diesem bestimmten Zeitpunkt auf natürliche Weise ausstrahlt.

Was auch immer du dir selbst auferlegst – jeder Rahmen, jede Methode, jedes Label kann ebenso zu einer Einschränkung werden wie zu einer Öffnung.

Lass es sein

Ein bekanntes Leitprinzip der Ärzteschaft lautet: »Ich werde sie [die Kranken] bewahren vor Schaden.« Dieses Credo aus dem hippokratischen Eid können wir auch für die Kunst als universelles Gebot anwenden, das es vor allem zu berücksichtigen gilt, wenn dich ein Kollege bittet, an einem Projekt mitzuwirken.

Die Frühfassung einer Arbeit kann in ihrer rohen Form eine außergewöhnliche Magie enthalten. Genau sie muss beschützt werden.

Eine einfache Anerkennung der Stärken kann bereits ausreichen, um das Projekt voranzubringen. Ein Freund spielte mir einmal ein Stück vor, an dem er gerade arbeitete, und bat mich um Input. Für mich gab es nichts hinzuzufügen oder zu ändern. Ich riet ihm, im Endmixing die übliche Verfeinerung von Balancen und Sounds wegzulassen. Dieser Standard hätte zur Verwässerung eines Meisterwerks geführt. Manchmal besteht die wertvollste Beigabe eines Mitarbeiters darin, gar nichts beizusteuern.

Zusammenarbeit

Das Prisma des Selbst spiegelt einen Aspekt unseres Seins in unser Werk zurück. Sind mehrere Personen mit ihrem jeweiligen Prisma beteiligt, entfalten sich unerwartete Möglichkeiten. Ob die Perspektiven einander widersprechen oder sich ergänzen – sie verbinden sich, um eine neue Vision zu erschließen.

Nennen wir es Zusammenarbeit.

Wie das Gewahrsein ist die Zusammenarbeit eine Übung. Je gekonnter wir uns an dem Vorgang beteiligen, desto ungezwungener wird er.

Zusammenarbeit ist vergleichbar mit der Art und Weise, wie ein Jazzensemble improvisiert. Eine Handvoll Mitwirkender, jeder und jede mit eigenem Standpunkt – doch sie arbeiten zusammen, um ein neues Ganzes entstehen zu lassen, indem sie intuitiv aus dem Moment heraus handeln und reagieren. Auch du kannst das Spiel anführen oder dich führen lassen und das Unerwartete als Überraschung genießen. Gerade so wie es dem Stück am besten dient, kannst du ein Solo spielen oder dich ganz zurücknehmen.

Bei jeder Zusammenarbeit lernen wir neue Möglichkeiten des Arbeitens und der Problemlösung kennen, die unseren kreativen Prozess inspirieren.

Zusammenarbeit ist nicht mit Wettbewerb zu verwechseln. Es ist kein Machtkampf, bei dem du deinen Willen durchsetzen oder recht bekommen willst.

Wettbewerb dient dem Ego. Zusammenarbeit fördert das beste Ergebnis.

Stell dir die Zusammenarbeit wie einen Kraftschub vor, der es dir ermöglicht, einen Blick über eine hohe Mauer zu werfen. Dabei gibt es keinen Machtkampf. Du findest einfach nur den besten Weg zu einer neuen Sichtweise.

Die Bedeutung unseres Beitrags zu messen dient dem Projekt nicht. Zu glauben, eine Idee sei so gut, weil sie von *uns* kam, ist ein Fehler, der einem Mangel an Erfahrung entspringt. Das Ego fordert persönliche Urheberschaft ein und bläht sich auf Kosten der Kunst auf. Womöglich lehnt es Methoden ab, die kontraintuitiv scheinen, und stellt sich schützend vor das, was vertraut ist.

Die besten Ergebnisse finden sich da, wo wir unparteiisch sind und Abstand zu unseren eigenen Strategien haben. Wir alle profitieren davon, wenn die beste Idee ausgewählt wird, egal, ob sie von uns stammt oder nicht.

In der Arbeit mit Künstlern treffe ich folgende Vereinbarung:

Wir setzen den Prozess so lange fort, bis *alle* glücklich mit dem Werk sind. Das ist das höchste Ziel der Zusammenarbeit. Wenn einer es liebt, eine andere aber nicht, dann gibt es meist ein Problem, dem wir Aufmerksamkeit schenken sollten. Wahrscheinlich sind wir noch nicht weit genug gegangen, das Werk hat sein volles Potenzial noch nicht erreicht.

Mag eine Mitwirkende Lösung A am liebsten und ein anderer zieht Lösung B vor, dann geht es nicht um die Entscheidung für A oder B. Wir müssen so lange weitermachen, bis Lösung C gefunden ist, die beide Künstler besser finden. Dabei kann Lösung C Elemente von Lösung A, B, von beiden oder von keiner von beiden enthalten.

Wenn eine der Mitwirkenden einem anderen nachgibt und sich, damit die Gruppe vorankommt, mit einer nicht optimalen Option begnügt, geht allen etwas verloren. Große Entscheidungen werden nicht auf der Grundlage von Opfern getroffen. Sie müssen auf dem gemeinsamen Erkennen der besten verfügbaren Lösung basieren.

Auch wenn du das Werk bereits in seiner jetzigen Form magst, geht dir nichts verloren durch den Versuch, es zu verbessern, damit alle es lieben. Das sind keine Kompromisse. Ihr arbeitet gemeinsam daran, die aktuelle Version zu übertreffen.

Wahrscheinlich können wir nicht mit allen Menschen gleichermaßen kreativ sein. Da mögen sich unglaublich talentierte Leute zusammentun, doch aus irgendeinem Grund harmonisieren sie nicht miteinander. Oder ein Beteiligter betätigt sich nicht im Sinne der Zusammenarbeit, sondern bringt Rivalität mit und will überreden.

Wenn du dir mit einem Mitwirkenden nie einig bist und auch nach langer Arbeit nicht zu einem wirklich guten Ergebnis mit ihm kommst, dann passt ihr vielleicht einfach nicht zusammen.

Eine Fehlbesetzung kann aber auch passieren, wenn du dir mit einem Mitwirkenden *immer* einig bist. Wir suchen ja nicht nach jemandem, der genauso denkt und arbeitet wie wir und unseren Geschmack teilt. Wenn ihr in allem übereinstimmt, ist einer oder eine von euch überflüssig.

Stell dir vor, du schickst einen Lichtstrahl durch zwei Filter derselben Farbe. Ob getrennt oder zusammen, erzeugen sie denselben Farbton. Legst du dagegen zwei kontrastierende Filter übereinander, entsteht eine neue Schattierung.

In vielen der besten Bands, Kollektive oder Gemeinschaftsproduktionen war ein gewisser Grad an Polarität zwischen den Mitgliedern für die Erfolgsformel mitverantwortlich. Die Magie ergibt sich aus der dynamischen Spannung zwischen den unterschiedlichen Standpunkten. So entstanden Werke, die unverwechselbarer waren, als es eine einzelne Stimme hätte sein können.

Eine gesunde Spannung in einer Gruppe ist nichts Ungewöhnliches. Reibung entfacht ein Feuer. Wir heißen sie willkommen und bestehen nicht auf unserem eigenen Weg. Sie bringt uns der besten Version unserer Arbeit näher.

Manche Zusammenarbeit wirkt eher wie eine Diktatur als wie eine Demokratie. Auch ein solches System kann funktionieren. In diesem Fall stellen sich alle hinter die Vision einer Person und tun ihr Bestes, um sie zu verwirklichen.

Egal, ob die letzte Entscheidung bei einer einzelnen Person oder bei einem Kollektiv liegt, es ist und bleibt ein gemeinschaftlicher Vorgang. Die Mitwirkenden stellen im Geist der Zusammenarbeit ihr bestes Können zur Verfügung.

⊙

Das Herzstück einer gekonnten Zusammenarbeit ist die Kommunikation.

Lass Persönliches aus dem Spiel, wenn du Feedback gibst. Kommentiere immer die Arbeit und nicht die Person, die sie gemacht hat. Nimmt ein Beteiligter eine Kritik persönlich, wird er sich schnell verschließen.

Sei mit deinem Feedback so genau wie möglich. Beschreibe detailliert, was du siehst und fühlst. Je konkreter das Feedback, desto besser wird es aufgenommen.

Die Aussage »Ich glaube, die Farben in diesen beiden Bereichen passen nicht so gut zusammen« ist hilfreicher als »Ich mag die Farben nicht«.

Hast du vielleicht schon eine Lösung im Kopf, halte sie erst einmal zurück. Ein Gegenüber könnte womöglich von sich aus auf etwas noch Besseres kommen.

Erhältst du Feedback, lass dein Ego außen vor und bemühe dich, die angebotene Kritik voll und ganz zu verstehen. Findet eine Beteiligte ein spezifisches Detail verbesserungswürdig, könnten wir das missverstehen und meinen, die gesamte Arbeit werde infrage gestellt. Unser Ego versteht Hilfe gern als Einmischung.

Vergiss nicht, dass die Sprache ein unvollkommenes Kommunikationsmittel ist. Eine Idee wird durch ihre ungenügende Übersetzung in Worte verändert und verwässert. Diese Worte werden dann durch den Filter, mit dem wir sie aufnehmen, noch weiter verzerrt, und schon befinden wir uns in einer Welt der Doppeldeutigkeiten.

Wir brauchen Geduld und Sorgfalt, um zu überwinden, was wir zu hören meinen, und zu verstehen, was tatsächlich gemeint ist.

Eine gute Übung ist es, das Feedback, das du erhalten hast, selbst in Worte zu fassen und zu wiederholen. Vielleicht findest du dann heraus, dass du gar nicht gehört hast, was gesagt wurde. Und vielleicht war das, was ausgesprochen wurde, nicht einmal das, was gemeint war.

Stell Fragen, damit du Klarheit gewinnst. Wenn Mitwirkende geduldig erklären, auf welche Aspekte der Arbeit sie abzielen, erkennen wir vielleicht, dass unsere jeweiligen Visionen gar nicht so verschieden sind. Wir haben nur eine andere Sprache verwendet und andere Elemente bemerkt.

Beim Austausch von Beobachtungen schafft Genauigkeit Raum. Sie löst emotionale Spannungen und versetzt uns in die Lage, im Dienst des Werks zusammenzuarbeiten.

Die Synergie einer Gruppe
ist mindestens ebenso wichtig
wie die jeweilige
Einzelbegabung –
oder sogar noch wichtiger.

Das Dilemma mit der Aufrichtigkeit

Aufrichtigkeit wird von den meisten Künstlerinnen überschätzt.

Sie streben nach einer Kunst, die ihre Wahrheit und sie selbst am unverfälschtesten ausdrückt.

Dabei ist Aufrichtigkeit eine schwer zu fassende Eigenschaft. Sie unterscheidet sich von anderen Zielen, die wir haben mögen. Während Größe ein erstrebenswertes Ziel ist, kann es kontraproduktiv sein, Aufrichtigkeit anzuvisieren. Je mehr wir uns darum bemühen, desto schwerer bekommen wir sie zu fassen. Es kann passieren, dass ein Werk wie Sacharin wirkt, wenn es sich als aufrichtig präsentiert. Wie falsche Süße. Wie ein hohler Spruch auf einer Grußkarte.

In der Kunst ist Aufrichtigkeit ein Nebenprodukt. Sie kann nicht das Hauptziel sein.

Wir halten uns gern für beständige, rationale Wesen, die bestimmte Eigenschaften haben und andere nicht. Doch wirkt ein absolut beständiger Mensch, der keine inneren Widersprüche kennt, nicht sehr real, sondern eher hölzern. Künstlich.

Die ehrlichsten und irrationalsten Aspekte von uns halten sich meist versteckt. Zugang zu ihnen gewinnen wir durch das Erschaffen von Kunst. Jedes Werk sagt uns, wer wir sind, und häufig versteht das Publikum dies schneller als wir selbst.

Kreativität ist ein Erkunden, wir suchen nach verborgenem Material ohne Garantie, etwas zu finden. Und entdecken wir doch etwas, ergibt es vielleicht keinen Sinn. Da zieht uns ein Samenkorn an, weil es etwas für uns Unverständliches enthält. Doch könnte diese vage Anziehung das Einzige bleiben, was wir je verstehen werden.

Manche Teile des Selbst mögen keine frontale Begegnung. Sie ziehen den eigenen, indirekten Weg vor. Sind wie flüchtige Blicke, eingefangen in einem zufälligen Moment, wie glitzerndes Sonnenlicht auf einer Welle im Meer.

Diese Erscheinungen sind nicht so einfach in Worte zu fassen. Sie sind außer-gewöhnlich. Nicht alltäglich. Ein Gedicht kann Informationen vermitteln, die sich durch Prosa oder Gespräch nicht ausdrücken lassen.

Und alle Kunst ist Dichtung.

Kunst geht tiefer als das Denken. Tiefer als unsere Selbstnarrative. Sie durchbricht innere Mauern und erschließt Verborgenes.

Wenn wir den Weg frei machen und die Kunst arbeiten

lassen, bringt sie vielleicht die Aufrichtigkeit hervor, die wir suchen. Und die könnte ganz anders aussehen als erwartet.

Alles, was der Öffentlichkeit
Zugang zu deiner Weltsicht ermöglicht,
ist richtig,
selbst wenn die Informationen falsch sein sollten.

Der Gatekeeper

Ganz egal, woher deine Ideen stammen oder wie sie aussehen, sie durchlaufen einen bestimmten Teil von dir: den Redakteur, den Gatekeeper.

Er bestimmt die Endfassung des Werks, ganz egal, wie viele Aspekte deines Selbst an der Erstellung beteiligt waren.

Die Rolle des Redakteurs besteht darin, zu sammeln und zu sichten. Vitales zu verstärken und Überflüssiges zu streichen. Auszulesen bis zur besten Version.

Mitunter findet der Redakteur Lücken und schickt uns los, damit wir Daten sammeln, um sie zu füllen. Oder es gilt, aus der Fülle an Informationen nur das Notwendige zu behalten, damit das fertige Werk sichtbar wird.

Das Redigieren ist eine Demonstration des Geschmacks. Es geht nicht darum, auf Einzelheiten hinzuweisen, die uns gefallen: auf Musik, die wir mögen, oder Filme, die wir lieben. Unser Geschmack zeigt sich darin, wie wir unser Werk kuratieren. Was wir darin aufnehmen und was nicht und wie sich die Teile zusammensetzen.

Du fühlst dich vielleicht zu unterschiedlichen Rhythmen, Farben und Formen hingezogen, auch wenn sie nicht harmonisch zueinanderpassen. Diese Teile müssen sich in ihrem Behältnis vertragen.

Das Behältnis ist das Ordnungsprinzip des Werks. Es gibt vor, welche Elemente hineingehören und welche nicht. Möbel, die für ein Schloss passend sind, wären in einem Kloster fehl am Platz.

Der Redakteur muss das Ego beiseitestellen, denn dieses hält stolz an bestimmten Elementen einer Arbeit fest. Er muss Abstand wahren und über derlei Gefühlen stehen, um die Einheit und Ausgewogenheit des Werks zu finden. Talentierte Künstlerinnen, die nicht gut zu redigieren verstehen, machen womöglich nur suboptimale Kunst und werden ihrer eigentlichen Gabe nicht gerecht.

Allerdings darfst du die kühle Distanz des Redakteurs nicht mit der inneren Kritikerin verwechseln. Die Kritikerin zweifelt am Werk, untergräbt es, zoomt sich heran und zerpflückt es. Der Redakteur nimmt Abstand, betrachtet das Werk als Ganzes und unterstützt sein volles Potenzial.

Der Redakteur ist der Profi im Dichter.

⊙

Gegen Ende eines Projekts ist es hilfreich, eine *rücksichtslose Überarbeitung* und drastische Kürzung vorzunehmen, bis nur noch das Notwendigste übrig ist.

Bisher bestand ein Großteil des schöpferischen Prozesses im Hinzufügen. Betrachte dies als den subtraktiven Teil des Projekts. In der Regel kommt er dran, wenn die Konstruktion fertig ist und alle Möglichkeiten ausgeschöpft sind.

Häufig wird die Redaktion als Kürzung, als das Wegschneiden der Fettschwarten betrachtet. Beim rücksichtslosen Überarbeiten ist das nicht der Fall. Wir entscheiden hier, was absolut dableiben muss und notwendig ist, damit das Werk noch es selbst ist.

Wir zielen jetzt nicht darauf ab, es auf seine endgültige Länge zu reduzieren. Wir gehen noch weiter als das. Wenn also fünf Prozent Kürzung den von uns angestrebten Umfang des Werks ergeben würden, schneiden wir noch weiter, bis nur die Hälfte oder sogar nur ein Drittel übrig ist.

Arbeitest du an einem Album mit 10 Songs und hast 20 aufgenommen, dann willst du jetzt nicht auf 10 reduzieren, sondern du lässt nur die 5 Stücke übrig, ohne die du nicht leben kannst.

Wenn du ein Buch mit über 300 Seiten geschrieben hast, versuche, es auf weniger als 100 zu kürzen, ohne dass seine Essenz verloren geht.

Durch diesen heftigen Schnitt finden wir nicht nur zum Kern unserer Arbeit, wir verändern auch unser Verhältnis dazu. Wir begreifen ihre Grundstruktur, erkennen, worauf es wirklich ankommt, lösen uns von der Anhaftung, die durch das Schreiben entstanden ist, und sehen die Arbeit als das, was sie ist.

Welche Wirkung haben die einzelnen Bestandteile?

Verstärken sie die Kernaussage? Lenken sie von ihr ab? Tragen sie zu einer Ausgewogenheit bei? Unterstützen sie die Struktur? Sind sie absolut unverzichtbar?

Wenn du die überflüssigen Schichten entfernt hast, nimmst du Abstand und betrachtest das Werk so, wie es ist, in seiner einfachsten Form. Entweder du siehst nun die Kürzungen als erfolgreich an, oder du spürst, dass du bestimmte Elemente wiederherstellen willst. Solange du dem Werk seine Integrität lässt, ist es eine Frage persönlicher Vorlieben.

Nimm dir einen Moment Zeit und überlege, ob deine Ergänzungen tatsächlich förderlich waren. Sie sollen kein Selbstzweck sein, sondern dem Werk dienen.

Die Arbeit soll an einen Punkt kommen, an dem du weißt, dass sie nicht anders hätte zusammengestellt werden können. Dann ist sie ausgewogen.

Elegant.

Es ist nicht leicht, Elemente wegzulassen, in die du so viel Zeit und Sorgfalt investiert hast. Manche Künstler verlieben sich derart in das von ihnen geschaffene Material, dass sie sich von keinem Element trennen können, auch wenn das Werk ohne es besser wäre.

»Es ist banal, das Einfache kompliziert zu machen«, hat Charles Mingus einmal gesagt. »Kreativität heißt, das Komplizierte einfach zu machen, fantastisch einfach.«

Als Künstlerin
stellst du dir permanent die Frage:
»Wie könnte es noch besser werden?«
Was auch immer *es* ist.
Ob deine Kunst
oder dein Leben.

Wozu Kunst schaffen?

Wenn du dich immer weiter auf den schöpferischen Prozess einlässt, begegnet dir vermutlich ein Paradox.

Denn schlussendlich geht es beim Selbstausdruck gar nicht um dich.

Die meisten Menschen haben keine Wahl, wenn sie den künstlerischen Weg einschlagen. Sie fühlen sich gezwungen, sich einzubringen, sind getrieben von einem Urinstinkt – von derselben Kraft, die auch Schildkröten ins Meer zieht, nachdem sie im Sand geschlüpft sind.

Wir folgen diesem Instinkt. Ihn zu leugnen entmutigt so, als würden wir gegen die Natur verstoßen. Zoomen wir uns heraus, erkennen wir, dass dieser blinde Impuls immer da ist und sich unser Ziel einverleibt.

In dem Moment, in dem wir spüren, dass das Werk Gestalt annimmt, erleben wir eine Steigerung der Dynamik, gefolgt von einem Drang zu teilen und der Hoffnung, dass diese geheimnisvolle emotionale Ladung auf andere überspringt.

Das ist der Ruf nach Selbstausdruck und ist unsere kreative Bestimmung. Nicht unbedingt, uns zu verstehen oder verstanden zu werden. Wir teilen unseren Filter, unsere Sicht der Dinge, um bei anderen ein Echo zum Klingen zu bringen. Kunst ist das Echo eines vergänglichen Lebens.

Als Menschen sind wir nur von kurzer Dauer hier, und wir können Werke schaffen, die Monumente unserer Zeit auf Erden darstellen. Dauerhafte Existenzbestätigungen. Michelangelos »David«, die ersten Höhlenmalereien, Landschaften, die ein Kind mit Fingerfarben gemalt hat – sie alle geben, wie Graffiti an der Tür einer öffentlichen Toilette, denselben menschlichen Ausruf wieder:

Ich war hier.

Wenn du deine Sichtweise mit der Welt teilst, können andere sie sehen. Sie brechen sie durch ihren Filter und tragen sie weiter. Dieser Vorgang setzt sich ständig fort. Alles in allem erschafft er das, was wir als Wirklichkeit erleben.

Wie banal ein Werk auch sein mag, es spielt in diesem größeren Kreislauf eine Rolle. Die Welt entfaltet sich fortlaufend. Die Natur erneuert sich. Kunst entwickelt sich.

Jede und jeder von uns hat eine eigene Weltsicht, was zu einem Gefühl von Isoliertheit führen kann. Kunst ist in der Lage, uns über die Grenzen der Sprache hinaus zu verbinden.

Dadurch können wir unserem Inneren im Außen begegnen, die Grenzen der Getrenntheit aufheben und die Erinnerung an das fördern, was wir zu Beginn unseres Lebens längst wussten: Es gibt keine Getrenntheit. Wir alle sind eins.

Wir leben,
um uns in der Welt auszudrücken.
Kunstschaffen ist vielleicht die
effektivste und schönste Methode dafür.

Kunst geht über die Sprache, über das Leben hinaus.
Sie ist ein universelles Mittel, um über die Zeit hinweg
Botschaften aneinander zu senden.

Harmonie

⊙

Die unsichtbaren Fäden der Mathematik ziehen sich durch sämtliche Schönheit der Natur.

In den Spiralen der Meeresmuscheln und der Galaxien sind ein und dieselben Verhältnisse am Werk. Ebenso in Blütenblättern, DNA-Molekülen, Orkanen und der Struktur des menschlichen Gesichts.

Bestimmte Proportionen sorgen für ein Gleichgewicht, das heilig anmutet.

Unser Anhaltspunkt für die Schönheit ist die Natur. Begegnen wir beim Erschaffen von Kunst einer solchen Proportionalität, wirkt sie beruhigend. Unsere Kreationen sind von den Verhältnissen inspiriert, die uns am meisten Ehrfurcht einflößen.

Der Parthenon, die großen Pyramiden, Leonardos »Vitruvianischer Mensch«, Brancusis »Vogel im Raum«, die *Goldberg-Variationen* von Bach, Beethovens *Fünfte Sympho-*

nie – alle diese Werke stützen sich auf ein und dieselbe Geometrie der Natur.

Das Universum birgt eine Harmonie, ein wunderbar tiefes, ineinandergreifendes System. Wenn du von einem Projekt, an dem du bereits einige Zeit gearbeitet hast, einige Schritte zurücktrittst und eine neue Symmetrie erkennst, die du nie für möglich gehalten hättest, wirst du vermutlich stille Befriedigung empfinden. Eine Begeisterung, die im Kern Frieden birgt. Ordnung erscheint. Harmonische Resonanz ist greifbar da. Und du hast teil an diesem komplexen Mechanismus.

In der Musik sind die Harmoniegesetze in Formeln angelegt. Jede Note schwingt in einer bestimmten Wellenlänge, und jede Wellenlänge steht in spezifischer Beziehung zu den anderen. Anhand mathematischer Prinzipien kann man unter den Wellen harmonische Paare ausrechnen.

Ob Gegenstände, Farben oder Ideen – alle Elemente haben eine Wellenlänge. Kombinieren wir sie miteinander, entstehen neue Schwingungen, die mal harmonisch, mal dissonant sind.

Wir brauchen nichts von Mathematik zu verstehen, um aus diesen Schwingungen kraftvolle Werke zu schaffen. Bei manchen Menschen mit mathematischem Verständnis ist die natürliche Intuition beeinträchtigt. Wir stimmen uns auf uns selbst ein, um die Harmonie zu spüren. Den Intellekt nutzen wir erst danach, wenn es darum geht, das Phänomen zu verstehen.

Diejenigen, denen dieses Wissen nicht von selbst zufällt,

können es mit der Zeit ausbilden. Wenn du dich darin übst, dich einzustimmen, kannst du ein Gespür für diese natürlichen Schwingungen entwickeln. Schärfer wahrnehmen, was im Gleichgewicht ist, und die göttlichen Proportionen erkennen. Das Erkennen wird klarer, wenn du ein Werk schaffst oder fertigstellst. Du spürst eine Übereinstimmung. Eine Stimmigkeit. Die einzelnen Elemente vereinigen sich zu einem Ganzen.

Ein großes Werk muss nicht harmonisch sein. Mitunter geht es in der Kunst gerade darum, ein Ungleichgewicht zu zeigen oder ein Gefühl des Unbehagens zu verursachen.

Wenn sich in einem Song eine Dissonanz plötzlich auflöst, atmet man auf. Deshalb kann die Wahl der Disharmonie interessant sein. Sie schafft Spannung und Auflösung und lenkt unsere Aufmerksamkeit auf die Harmonie, die wir andernfalls vielleicht gar nicht bemerkt hätten.

Stimmen wir uns tiefer auf die grundlegenden Harmonieprinzipien in unserer Kunst ein, erkennen wir sie womöglich überall, wohin wir schauen. Durch die Arbeit am Spezifischen entwickeln sich unsere Sinne auch allgemein.

Können wir die Harmonie im Universum, das uns umgibt, nicht erkennen, liegt das vermutlich daran, dass wir nicht genug Impulse aufnehmen. Zoomen wir weit genug heraus oder hinein, tritt die ganzheitliche Natur von allem, was da ist, klar zutage.

Genau wie der einzelne kleine Pinselstrich auf einer Leinwand keinen Abstand einnehmen kann, um das ganze Gemälde zu betrachten, sind wir nicht in der Lage, das große Ganze der Verhältnisse und Regulative zu erfassen, die uns auf allen Seiten umgeben.

Unsere Unfähigkeit, die inneren Zusammenhänge des Universums zu begreifen, stimmt uns vielleicht nur umso mehr auf seine Unendlichkeit ein. Die Magie findet sich nicht im Analysieren oder Begreifen. Sie lebt in dem Wunder all dessen, was wir nicht wissen.

Wie auch immer du dich als Künstlerin darstellst,
dein Rahmen ist zu klein.

Was wir (uns) erzählen

Wir erzahlen uns Geschichten über uns,
aber sie haben nichts mit uns zu tun.
Wir erzählen uns Geschichten über unsere Arbeit,
aber sie haben nichts mit der Arbeit zu tun.

Alle unsere Bemühungen, uns und unsere Kunst zu verstehen, sind Ablenkungsmanöver, Verschleierungsversuche. Sie erhellen nicht, was ist. Sie führen uns in die Irre. Wir können nicht wissen, was unwichtig und was wesentlich ist oder was unser Beitrag bedeutet.

Wir erzählen uns selbst unterschiedliche Geschichten darüber, wer wir sind und wie die Arbeit entsteht. Doch nichts davon spielt eine Rolle.

Die Arbeit an sich ist das Einzige, was zählt. Die Kunst, die tatsächlich entsteht, und wie sie wahrgenommen wird.

Du bist du.

Das Werk ist das Werk.

Jede Person im Publikum ist sie selbst.

Nichts davon ist wirklich zu verstehen, geschweige denn in einfache Gleichungen zu gießen oder in einer gemeinsamen Sprache zu fassen.

In jedem Augenblick stehen uns Milliarden von Datenpunkten zur Verfügung, und wir sammeln nur einen winzigen Teil davon. Mit diesem Blick durchs Schlüsselloch setzen wir eine Interpretation zusammen und fügen unserer Sammlung eine weitere Geschichte hinzu.

Mit jeder Geschichte, die wir uns selbst erzählen, machen wir Möglichkeiten zunichte. Reduzieren wir die Wirklichkeit. Trennen wir Räume des Selbst ab. Die Wahrheit fällt in sich zusammen, um sich einem fiktiven Organisationsprinzip unterzuordnen, das wir übernommen haben.

Als Künstler sind wir aufgerufen, diese Geschichten wieder und wieder loszulassen und blind auf diese seltsame Energie zu vertrauen, die uns dazu drängt, auf unserem Weg zu bleiben.

Das Kunstwerk ist der Punkt, an dem alle Elemente zusammentreffen: das Universum, das Prisma des Selbst, die Magie und die Disziplin, eine Idee in Greifbares zu verwandeln. Und wenn alle diese Elemente uns in Widersprüchlichkeiten führen – in Bereiche, die unüberbrückbar oder unverständlich scheinen –, heißt das nicht, dass sie nicht harmonisch sind.

Selbst in scheinbarem Chaos findet sich eine Ordnung, ein Muster. Eine kosmische, alles durchziehende Unterströmung, die sich in keiner noch so großen Geschichte erzählen lässt.

Das Universum erklärt nicht, warum.